ଶବ୍ଦର ଆକାଶ

ଶବ୍ଦର ଆକାଶ

ସୀତାକାନ୍ତ ମହାପାତ୍ର

ବ୍ଲାକ୍ ଈଗଲ୍ ବୁକ୍ସ
ଭୁବନେଶ୍ୱର, ଓଡ଼ିଶା

BLACK EAGLE BOOKS
Dublin, USA

ଶବ୍ଦର ଆକାଶ / ସୀତାକାନ୍ତ ମହାପାତ୍ର

ବ୍ଲାକ୍ ଇଗଲ୍ ବୁକ୍ସ : ଭୁବନେଶ୍ୱର, ଓଡ଼ିଶା ● ଡବ୍‌ଲିନ୍, ଯୁକ୍ତରାଷ୍ଟ୍ର ଆମେରିକା

 BLACK EAGLE BOOKS

USA address:
7464 Wisdom Lane
Dublin, OH 43016

India address:
E/312, Trident Galaxy, Kalinga Nagar,
Bhubaneswar-751003, Odisha, India

E-mail: info@blackeaglebooks.org
Website: www.blackeaglebooks.org

First International Edition Published by
BLACK EAGLE BOOKS, 2023

SHABDARA AKASH
by **Sitakant Mohapatra**

Copyright © **Sitakant Mohapatra**

All rights reserved. No part of this publication may be reproduced, stored in a retrieval system, or transmitted, in any form or by any means, electronic, mechanical, photocopying, recording or otherwise without the prior permission of the publisher.

Cover & Interior Design: Ezy's Publication

ISBN- 978-1-64560-410-5 (Paperback)

Printed in the United States of America

ମିତା, କୁନୁ ଓ ମୁନୁକୁ ...

ସୂଚୀ

ଏରୋଡ୍ରମ୍	୯
ହଂସ	୧୧
କୋଠରୀ	୧୩
ଘର	୧୬
ବଗିଚା	୨୦
ପିଲାଦିନ	୨୩
ଲ୍ୟାଂଡ୍‌ସ୍କେପ୍	୨୮
ମୁହୂର୍ତ୍ତ	୩୦
ପାଲୁର୍‌-ପ୍ରୟାଗୀ, ଗୋଟିଏ ଅପରାହ୍ଣ	୩୨
କୌଣସି ଏକ ସହର ବିଷୟରେ	୩୬
ରୋଗଶଯ୍ୟା	୩୯
ଦୁଇଟି ସ୍କେଚ୍	୪୨
କୁରୁକ୍ଷେତ୍ର	୪୬
ଅନ୍ୟ ପୃଥିବୀ	୪୯
ଶରଶଯ୍ୟା	୫୨
ତ୍ରିପାଦ	୫୬
ଯାତ୍ରା ଓ ସମୟ	୫୯
ଅଭିମନ୍ୟୁ	୬୨
ଛାଇ	୬୬
ପାଗଳ-ଗାରଦ	୬୯
କୁହୁଡ଼ି	୭୨
ଅନ୍ୟ ସମୟ	୭୫
ରତ୍ନମାଳୀ ଓ ସମୁଦ୍ର	୮୧
ଦୁଇପକ୍ଷୀ	୮୫
ଇତିହାସ	୮୯
ସକାଳ, ସଂଜ ଓ ରାତି	୯୩
ଶୀତ ଋତୁ	୯୭
ବର୍ଷା	୧୦୧
ଅବତାର	୧୦୩
ନଈ ମୁହାଣ	୧୦୬
ସ୍ଥିର ତରଂଗ	୧୧୧
ଶବ୍‌ଦର ଆକାଶ	୧୧୩
ବିଦୂଷକ	୧୧୬
କୃଷ୍ଣ କୈବର୍ତ୍ତ	୧୧୯
ଦୁଇଟି ଜଣାଣ	୧୨୨

ଏରୋଡ୍ରମ୍

ଆକାଶରୁ ମାଟି
ମାଟିରୁ ଆକାଶ ।।

ବଉଦର କ୍ଲାଂତ ଢେଉ
ଚିକ୍ ଚିକ୍ ରୂପା-ରଂଗ ଖରା
ଅରା ଅରା ନିର୍ଝୁମ ଆକାଶ
ସନ ସନ ଶୂନ୍ୟତାର ନିରୁଦ୍‌ବିଗ୍ନ ଇଲାକାରୁ
ତଳେ ଦିଶେ ଚରାମାଟି
ପରିଚିତ ନଈ ଛାତି
ଧଳା ଗାର ନେଳି ଗାର
ଧୋବାତୁଠ ଦଉଡ଼ିରେ ଶୁଖା ଲୁଗା ଢେଉ
ଦୋଳିରେ ଗାଆଁର ଝିଅ
ଲଙ୍ଗଳ-ଠିରିକା ମାଟି
ନଣନ୍ଦର ମୁଂଡ ବାଂଧେ ନୂଆ ଭାଉଜୋଉ ।।

ଦୂରରୁ ନିକଟ
ନିକଟରୁ ଦୂର ।।

ପାକୁ ପାକୁ ପାଟି କରି ଏରୋପ୍ଲେନ୍
ଅପରାହ୍ଣ ପୋଖରୀରେ ରୂପା-କାତି ଅନେକ ଭାକୁର,
ବାର୍ଣ୍ଣିସ୍‌କରା ଆକାଶ ରୌଦ୍ରସ୍ନାତ
ଏରୋଡ୍ରମ୍ ଗାଆଁ ନୟନ୍‌ଜୋର ।।

ରାତିରେ ସ୍ୱର୍ଗ-ବାହୁଡ଼ା ଚୈତ୍ର-ରଥ
ନାଲି ନେଳି ଆଲୁଅ ରୋଷଣି
ଘରଫେରା, ଦୂରଯାତ୍ରା
ଲେଉଟାଣି, ବିଦାୟର ଅନାହତ ସୁର ।।

ଦୂରରୁ ନିକଟ
ନିକଟରୁ ଦୂର ।।

ଅସରଂତି ବ୍ୟସ୍ତ ଖୋଜା
ଏଠି ନାହିଁ, ସେଠି ନାହିଁ
ଅତଳ ନିଦ୍ରାରେ ନାହିଁ
ଭୟଂକର ଚେତନାରେ ନାହିଁ
ଜୀବନ ଓ ମୃତ୍ୟୁ ଖୋଜି
ସ୍ୱପ୍ନ ଜାଗରଣ ଖୋଜି
ରହେ ଖାଲି ଅବଶେଷେ
ଅଂକୁରିତ ମୁହୂର୍ତ୍ତରେ ଅତୃପ୍ତିର ଛାଇ ।।

ପୁଣି ଫେରା ସୌରପଥ
ରୌଦ୍ର ଝିଲ୍‌ମିଲ୍
ଇଥର୍‌ର ଶୂନ୍ୟ ହ୍ରଦ ମେଘ-ପୋତ ଶେଷ କାହିଁ ?
ପଥ କାହିଁ ଶେଷ ?
ଆକାଶରୁ ଚିହ୍ନା ମାଟି
ମାଟିଠାରୁ ଅଚିହ୍ନା ଆକାଶ ।।

ହଂସ

ସେ ହଂସ ତା'ର ଏକେଲା।
ପାଣିର ସିଆର କାଟି
ଏ କୂଳରୁ ସେ କୂଳକୁ ପାରିହୁଏ ବିନା ଆୟାସରେ।
ପହଂଚିବା ପରେ ନାଆଁ ପୁଣି ମଂଗ ମୋଡ଼େ ଆଉ ଘୂରି ବୁଲେ
ଆକାଶ ଓ ବଉଦରେ ଥଂଟ ମାରେ ଲହରୀ ଖେଳାଏ
କଥା କୁହେ ଆଉ ନିଜେ ଶୁଣେ॥

ମୋ ଆଖିର କନୀନିକା ତାଡ଼ି ଦେଇ
ଆଲୁଅର ଲେଖନ ମୁନରେ
ଅଂଧାରରେ ମୁଁ ଭେଟିଲି ସେ ହଂସକୁ
ଛାଇ ତା'ର ନିସ୍ତରଂଗ ମୋ ମନ ଟୁବି ଗାଡ଼ିଆ
ପାଣି ତଳେ ଭାସେ। ଆଉ ସିଏ ଭାସିଯାଏ
ଧଳାମେଘ ଚେନା ପରି ଫାଂକା ଆଉ ଶୂନ୍‌ଶାନ୍
ଆକାଶ ଆବୋରି। ଅଥଚ ସେ ଆକାଶର ଶୂନ୍ୟ ଥାଳ
ଭରେ ନାହିଁ ଦିନରାତି ଗ୍ରହ, ତାରା, ନୀହାରିକା
ବଉଦ ଭସାଣ ଯେତେ, ଚାନ୍ଦର ହସରେ॥

ସ୍ୱର ଶୁଣି ମନେ ହୁଏ ଇଏ ମୋର ନିଜ ସ୍ୱର
ମୋ ଦେହର ତାର ଖୁଂଟି ଡେଇଁ ଡେଇଁ
ଭାସିଯାଏ ତା'ରି ହଂସ ଧ୍ୱନି। ରକ୍ତସ୍ରୋତେ ପହଁରେ ସେ।
ସ୍ନାୟୁତାରେ ତା' ନୀରବ ବେଦନାର ବାଣୀ॥

ଗୁଣୁ ଗୁଣୁ ଅଂଧାରରେ ତା' ମାର୍ବଲ ଗ୍ରୀବା ଛୁଇଁ
ମୁଁ ମୂର୍ଚ୍ଛିତ, ଅଚେତନ। ତାରାଫୁଟା ଆକାଶ ମଉନ।
ମାନସରୋବର ନୁହଁ, ଦଳ ଆଉ କଇଁଫୁଲେ
ଶ୍ୱାସରୁଦ୍ଧ ମୋ ଟୁବି ଗାଡ଼ିଆ। ସ୍ୱପ୍ନ ତା'ର ହୋଇପାରେ
ଅନ୍ୟଦେଶ, ଅନ୍ୟକାଳ, ଅନ୍ୟସ୍ୱର ଓ ଦୋସରା ଗାନ॥

ପୃଥିବୀ ସେଠି ନଥାଏ । ଛାଇ ଆଉ ଆଲୁଅ ପୃଥିବୀ
ମୁଁ ନଥାଏ, ସେ ନଥାଏ, ଆକାଶ ଓ ବଉଦ ନଥାଏ,
ଧବଧବ ତୋଫା ଧଳା ପର ସବୁ ଗଢ଼ଂତି ପୃଥିବୀ
ହଜିଥିବା ପ୍ରତିଧ୍ୱନି ହଠାତ୍ ଫେରାଇ ଆଣେ
ସ୍ମୃତି ଆଉ ଆଶଂକା-ଜଡ଼ିତ ଯେତେ ସ୍ୱପ୍ନ ଜଳଛବି ।।

ପୁଣି କେବେ ଗୋଧୂଳିର ହିଡ଼ ଡେଇଁ ବିସ୍ମୃତି ଡୁବାଏ
ସେ ବନ୍ୟାରେ ଭାସି ଯାଏ ଚେର ମୂଳ, ପତ୍ର ଓ ଅତୀତ
କିଏ ଅବା ମନେ ରଖେ ସିଏ କେଉଁ ହ୍ରଦ
କିମ୍ବା ସରୋବର, କୁନି ଟୁବି ଗାଡ଼ିଆଟି, କେଉଁ ହଂସ
କେଉଁ ସ୍ୱର, କେଉଁ ବଉଦର ଛାଇ ଆଉ କେଉଁ ଗୀତ ।।

ଆକାଶ ସିଲେଇ ହୁଏ, ଛୋଟ ହୁଏ ରୁମାଲଟି ପରି
ଛାତି ପକେଟରେ ରହେ ଭାଂଗି ଭୁଂଗି । ତା'ର ନେଳି ଗଭୀରତା
କେବେ ପୁଣି ମନ ଦୋହଲାଏ ? ପୃଥିବୀ କୁଂଚିତ ହୋଇ
ଛୋଟ ରଂଗ-ପେନ୍‌ସିଲ । ପୁଣି ରହେ ପକେଟ୍‌ରେ ।।

ସୀମାହୀନ ସମୁଦ୍ରର ଲୁଣି ପାଣି ଶୋଷି ନେଇ
ଅଗସ୍ତି ମୁଁ ମୋ ଶିରା ଓ ଧମନୀରେ ରଖେ
ସୂର୍ଯ୍ୟ ହୁଏ ସଂକୁଚିତ, କୁଂକୁରି କାଂକୁରି ବସେ
ମୋ ଆଖିର କନୀନିକା ଧାରେ ।।

ତେଣୁ ମୁଁ ଜାଣିନି ସୂର୍ଯ୍ୟ, ପୃଥିବୀ ଓ ସମୁଦ୍ରକୁ
ଚିହ୍ନି ନାଇଁ ଆକାଶର ଶୂନ୍ୟତା ଓ ବିଶାଳ ବେଦନା ।।

ତମେ ଯଦି ପୁଣି କେବେ ଫେରିଆସ ଗୋଧୂଳିରେ
ତମ ଧ୍ୱନି ଭାସି ବୁଲେ ଟୁବି ଗାଡ଼ିଆରେ
ସେ ଧ୍ୱନି ଚିହ୍ନାଇ ଦେବ ସୂର୍ଯ୍ୟ ଆଉ ପୃଥିବୀ
ଓ ଆକାଶ ସମୁଦ୍ର । ଆଜି କିଂତୁ ସମସ୍ତେ ଅଜଣା ।।

କୋଠରୀ

ମୋ କୋଠରୀ ହୋଇଥାଂତା
ଯଦି ମୋର ଦେହ, ମନ ଆତ୍ମାର ଖୋଳପା
ରାତି, ଦିନ ମୁହୂର୍ତ୍ତ ଓ ଦଂଡ
ଅନୁଭୂତି ଆବେଗ ପ୍ରଚଂଡ
ସବୁତକ ଖୋସିଦେଇ, ଯତନେ ସାଇତି ରଖି
ଡ୍ରୟାର ଓ ସୁଟକେଶ୍ ଚିତ୍ରପଟ ଓ ବହିଥାକରେ
ମୁଁ ଆଉ ହୁଅଂତି ନାହିଁ ଗେଂଡା ଆଉ ଶାମୁକା ଉପରେ
ମିଛଟାରେ ଏତେଗୁଡ଼େ ଖପା ।।

ସମୁଦ୍ର ବେଳାଭୂମିରେ, କରୁଣ ବାଲି ଶେଯରେ
ସଂଗୀତ-ଲହର ଶେଷ ଶାମୁକା-ଖୋଳପା
ଆମ ଗାଁ ଦୀଘି-ତୁଠ ପଥରର ସାମନାରେ ଛୋଟ ମଲାଗେଂଡା
(ଅନେକ ରେଖାର ଚିତ୍ର ଆଂକିସାରି ଯିଏ ଏବେ ଶୋଇଛି ନିଦରେ)
ଏବଂ ସେ ନୟନ୍-ଜୋର ସାବ୍‌ଜା ହୁଡ଼ାରେ
ଅଜଣା ପଦ ଆଘାତେ ଘାସର କବର ତଳେ ଛୁଆ କଂକଡ଼ାଟି;
ସେମାନଂକ ଦେହରେ ଖୋଳପା ଦେଖି ମୁଁ ଜାଣୁଛି ଦେହୀ
ମୁଁ ଦେଖୁଛି ବିଚାରାର ଆକାଶର ନୀଳିମାରେ ନୀରବିତ ତ୍ରସ୍ତ ଆଖି
ଧୀର ଗତି, ସୀମିତ ଓ ଆତ୍ମିକ ପୃଥିବୀ
ମୁଁ ଶୁଣୁଛି ବିଦାୟର ଅଶ୍ରୁତ ସାନାଇ ।।

କେତେ ଦିନ ଧରି ମୁଁ ଯେ ଗେଂଡା ପରି
ଯାଇଅଛି ଏଣେ ତେଣେ
ମୋ କୋଠରୀ-ଖୋଳପାରେ ପଶି
ଧୀର ପଦେ ଚକିତ ଓ ତ୍ରସ୍ତ ମନେ
ଖୋଳରୁ ଟିକେ ବାହାରି ମୁଂଡଟି ଦେଖାଇ
ପୁଣି ଭିତରକୁ ପଶି ତରଂଗ ତରଂଗ କରି

ଜୁଲୁ ଜୁଲୁ ଚାହିଁ
ସବୁବେଳେ ଡରିମରି କାଳେ କେବେ
ଖୋଳପାରେ ନ ପାରିବି ପୁନରପି ସଂଯୋଜିତ ହୋଇ
ମୋ ଖୋଳପା ଭାଂଗି ତୁଟି ଚୂନା କାଳେ ହୋଇଯିବ
କ୍ଷିତ୍ୟପ୍‌ତେଜ ମରୁଦ୍‌ବ୍ୟୋମେ ମୋତେ ଫିଙ୍ଗି ଦେଇ ।।

କିଂତୁ ଯେବେ ଏ କୋଠରୀ ଛାଡ଼ି କେଉଁଦିନ
ସେ ଅଜଣା ସ୍ୱନ ଶୁଣି ବାଇ ହୋଇ
ଚୁପ୍‌ଟିଏ ଚାଲିଯାଏ ନୀରବରେ ସବୁଦିନ ପାଇଁ
ତମେ କି ପାରିବ ଜାଣି କାହା ସ୍ମୃତି-ମାନଚିତ୍ର
ଏ କୋଠରୀ ? ତୁମେ କି ପାରିବ ଜାଣି
କିଏ ଥିଲା କୋଠରୀରେ ମୁଂଡଗୁଂଜି ଦିନାକେତେ
ପ୍ରିୟ ବଂଧୁ ସେ ରଇତ ଦେହୀ ନା ବିଦେହୀ ? ।।

ଖୋଜୁଥିବ ଟିକିନିଖି ସମୟର ଛିନ୍ନ ପୃଷ୍ଠା ଆଉଡ଼େଇ
ତମେ ମତେ ମୋ ବହି-ଥାକରେ
କାଂଥର ଚିତ୍ରପଟରେ, ପରଦାରେ
ଶୂନ୍ୟ ଚୌକି, ଶୂନ୍ୟ ମୋର ହିସାବଖାତାରେ
ସତେ ଯେମିତି ଚିନି ପରି ମିଳେଇ ଗଲି ମୁଁ
ବସ୍ତୁ ଆଉ ଧାରଣାର ପାଣି ଗିଲାସରେ ।।

ଡରି ଡରି ଯଦି ତମେ ଖୋଜ ମତେ
ମୋ ଟେବୁଲ ଡ୍ରୟାରର
ଏଣୁ ତେଣୁ ଗାରିଆ ମାରିଆ ଯେତେ ଛିଂଡା କାଗଜରେ,
'ଆସ୍‌-ଟ୍ରେ' ସିଗାରେଟ-ଧୂଳି ଆଉ ଚିରାଚିଠି ପୋଡ଼ା କାଠିଟିରେ
ମତେ ଯଦି ବ୍ୟର୍ଥ ଓ ଶଂକିତ ମନେ ଖୋଜ ତମେ
ମୋ ଲୁଗା-ଅଲୁଗୁଣିରେ
ସ୍ୱହସ୍ତ-ଅଂକିତ ମୋର ଚିତ୍ରପଟ ଓ ମୋ କବିତାରେ
କେତୋଟି ହଜିଲା ସ୍ମୃତି ଟିକେ ଦେହ ଗଂଧ
ହଳେ ଛିଡ଼ା ଜୋତା ଆଉ ହଜିଥିବା ପ୍ରତିଧ୍ୱନି ସୁରେ ।।

ମୁଁ ଜାଣିବି ତମେ ଠିକ୍ ମୋ'ରି ପରି
ଚାହୁଁଅଛ ରଖିବାକୁ ଆପଣା ସଂତକ
ଫେରିବାକୁ ଚିହ୍ନାବାଟେ ମୋଡ଼ ଭାଂଗି ଠିକଣା ଜାଗାକୁ
ନ ଭୁଲି ପୁରୁଣା ସେଇ ମଡ଼ା ବାଟ
ଲେଉଟାଣି ଗାନର ସୁରକୁ
ଶ୍ମଶାନ ଓ ପିଂଡଦାନ ଅଂତ୍ୟେଷ୍ଟି କ୍ରିୟାର ପରେ
ମନରେ ଲୁଚାଇ ଯେତେ ଭୂତ, ପ୍ରେତ,
ଡାଆଣୀ ଓ ଚିରିଗୁଣୀ ଡୁମାର ଡରକୁ ।।

ଖୋଜି ଖୋଜି ଯଦି ତୁମେ କ୍ଳାଂତ ହୁଅ
ମନେ ମନେ ହୁଅ ଭାରି ଖପା
ମନରେ ପକାଇ ପାର
ମୁଁ ମଧ୍ୟ ଦୟାକରୁଛି ତମରି କ୍ଳାଂତିକୁ
ମୁଁ ମଧ୍ୟ ହସିଥାଆଂତି, ଭାରି ଖୁସି ହୋଇଥାଂତି
ଯଦି ଏ କୋଠରୀ ଖାଲି ହୋଇଥାଂତା
ମୋ ଦେହର ଅବିକଳ ନିଛକ ଖୋଳପା
ମୋ ମେଲାଣି ପରେ ମୋର ସ୍ମୃତି କା'ରେ
ଅନାଗତ ସମୟରେ
ନ ରଖି ଅଛପା ।।

ଘର

ମୁଁ ସେଠି ବଣରେ ଥିଲି ମାଆ ସଂଗେ ନିର୍ବାସିତ ରାଜାର କୁମାର ।।

ରାଜ୍ୟ ଗଲା, ପ୍ରଜାପାଟକ ବି ଗଲେ, ଭାସିଗଲା ପ୍ରାସାଦ ଓ ସିଂହାସନ
ନିୟତି ଗୀତରେ । ଲଂବା ଲଂବା ପାହୁଲ ପକାଇ ଆସେ ପିତୃହତ୍ୟା,
ସେନାପତି-ଷଡ଼ଯଂତ୍ର, ଭୟଂକର ମୁଖା ପିଂଧି । ଜୀବନ ରଖିବା ପାଇଁ
ଆଶା ଲୋଡ଼ି ଅଗ୍ନାଗ୍ନି ବନସ୍ତର ଅଂଧାରି ଗୁହାରେ
ମୁଁ ଆଉ ମାଆ ମୋର ।।

ସକାଳ କୁହୁଡ଼ି ଆଉ ଅବସାଦ ପମ୍ପହୀନ ପେଟ୍ରୋମାକ୍ସ ଯେତେ
ଛିଂଡା ଦରି, ଭଂଗା ବେଂଚ ସବୁ ମିଶି ମାଲଭାଇ ସାଜି
ମୋତେ ନେଲେ ସେ ଗୁହାରୁ ଅନ୍ୟ ଘରେ
ରଂଗମଂଚୁ ମୃତ ଏକ ସୈନିକ ପରାୟେ
ମୋର ଟିକେ ମନେହେଲା ସେ ଘର ମୋ ମାମୁଁ ଘର
ଆଉ ସେଇ ରାଜବାଟୀ ଓ ଜଂଗଲ କେହି ମୋର ଘର ନୁହେଁ;
ଗ୍ରୀଷ୍ମଛୁଟି, ସ୍କୁଲ ବଂଦ, ମାମୁଁ ଘରେ ମୁଁ ଏଠି କୁଣିଆ
ଫେରା ସେହି ଦୂରବାଟ, ହିଡ଼ ଓ ଗହୀରି ବିଲ
ଶୂନ୍‌ଶାନ୍ ଧାନକ୍ଷେତ, ତାଳବଣି,
ଆକାଶେ ଚକ୍‌କର ମାରେ ଉଦାସୀନ ଚିଲ ।।

ତା'ପରେ ବିଲହାଟ, ଅଗସ୍ତି ମହାପୁରୁଷ ଆମ ଗାଁ ଆଉ ଘର
ଦାଂଡ ଡେଇଁଗଲା ପରେ ବଡ଼ଘର, ମଝିଘର, ଆଉ କଣ ଘର
କଣ ଘରେ ମୋର ମାଆ ଦିନେ କଷ୍ଟ ପାଇଥିଲା
କୃଷ୍ଣପକ୍ଷ ଭୋଦୁଅ ରାତିରେ । ସାଇର ନାମକୀର୍ତ୍ତନ
ଧାଈର ସବୁ ସାଂତ୍ୱନା, ପଡ଼ୋଶୀଙ୍କ ଆଶ୍ୱାସନା ଶୂନ୍‌ଶାନ୍
ଯଂତ୍ରଣାର ସେଇ ବଣ ନିଛାଟିଆ ଏକା ଏକା
ମୁଁ ଆଉ ମୋର ମାଆ
ନିର୍ବାସିତ ରାଜାରାଣୀ, ଭାଗ୍ୟବାନ ରାଜାର କୁମର ।।

କାଂଥରେ ଏବେ ଜଳୁଛି କଉଡ଼ିର ଚକ୍ ଚକ୍ ଫମ୍ପା ପେଟ
ମାଟି ଆଉ ଗୋବରର ମହଳଣ ଛାୟାଘନ ଶତ୍ରୁ ଇଲାକାରେ
ସେଇ କଣ ଘରେ।
ଷଟୀ ଦୁଛେଇ ଏବେ ବି ମଟ ମଟ ଚାହିଁଛଂତି ସେ କାଂଥରେ
ଯଦିଓ ମୁଁ ଆଜି ଏଠି ଖରାଦିନ ଅପରାହ୍ଣ ଖଂଡିଆଭୂତ ସାଜିଛି
ଭୁଲିଯାଇ ମୋ ଖେଳଣା, ମୋର ଗୁଡ଼ି ପନିକଂଠି ଓ ସିଲଟ ଖଡ଼ି
ଭୁଲିଯାଇ ମୋ ଠିକଣା, ସ୍ମୃତି ଆଉ ଚେତନାର ଛୋଟ ଠଣା
ଘୂରିବୁଲେ ସାହାହୀନ, ଆଶ୍ରାହୀନ ହତଭାଗା
କେତେବେଳେ କଟକ ବା କେତେବେଳେ ଛତ୍ରପୁର
କେତେବେଳେ ଟିଂବକ୍ଟୁ, କେତେବେଳେ ଭୁବନେଶ୍ୱରରେ॥

ସବୁଠେଇଁ କିଂତୁ ମୋର ମନେହୁଏ ମୁଁ ନୁହେଁ ଅପରିଚିତ
ମୁହଁ ସବୁ ଫାଂକା ଆକାଶରେ ତାରା
ଶୂନ୍ୟତାର ଅଂଧାରରେ ଜ୍ୟୋତିର ଜ୍ୟୋତିରିଂଗଣ
ଉଡ଼ିଯାଂତି, ଭାସିଯାଂତି ଚିହ୍ନା ଚିହ୍ନା ସବୁ ଲାଗେ, ଯଦିଓ ସେମାନେ ସବୁ
ଜଳ ଜଳ କରି ମୋତେ ଭକୁଆ ଭଳି ଚାହାଂତି
ଓ ତାଂକର ଆଖି ମୋତେ ନ ପଚାରି ବି ପଚାରେ,
"ଧନ, ତୁ କିଏ କହନି
କେଉଁଠି ନିବାସ ତୋର, କିଏ ତୋର ଜନକ ଜନନୀ?"

କି ଉତ୍ତର ମୁଁ ବା ଦେବି? ମନେପଡ଼େ ସ୍କୁଲର ପ୍ରାର୍ଥନା ଗୀତ
'ଜନକ ଜନନୀ ସୁତା ସୁତ ଜାୟାଧବ
ସହୋଦର, ସହୋଦରା ଆତ୍ମୀୟ ବାଂଧବ
ପ୍ରଭୋ ଏ ସର୍ବ ସଂବଂଧ, ତୋର ଦୟା ନିଦର୍ଶନ ଆହେ ଆଦିକଂଦ।'
ଆଉ ମଧ୍ୟ ମନେପଡ଼େ, ଖଂଜଣିର ଭଂଗାସ୍ୱର ଆଉ ଗୀତ
"ଘର ବୋଲି ସଂଚିଛୁ ଯେତେ ପଦାର୍ଥ
ଘଟ ଛୁଟିଲେ ତୋତେ ବୋଲିବେ ଭୂତ।"

ଉଭୟର ଲୁହ ଝରେ ମୋ ଆଖିରେ॥

ତଥାପି ସଂଦେହ ହୁଏ ମୁଁ କ'ଣ ଏଠାରେ ନୂଆ
ଏଇ ସେ ମୂଷା ଗାତରେ ମୁଁ କ'ଣ ପୋତିନି ମୋର ଭଂଗା ଦାଂତ
ବୁଡ଼ ମାରି ପହଁରିନି ସେଇ ଟୁବି ଗାଡ଼ିଆରେ
ଥରି ଥରି ଛୁଇଁ ନାଇଁ ସେ ଝିଅର ଛନ ଛନ ସଜ ଘାସ ଦେହ
ନିଶ୍ଚିହ୍ନ ହୋଇନି କେବେ ତା' ଆଖିର ନେଳିଆ ହ୍ରଦରେ ?
କ୍ଲାଂତ ହୋଇ ମୁଁ କ'ଣ ଆଖି ବୁଜିନି
ଏଇ ନଈ କଂଡିଆର ଆରପଟେ ଶୂନ୍ୟର ଛାଇରେ ? ?
ମୁଁ କ'ଣ ପଡ଼ିନି ଶୋଇ ସୁଖ ନିଦେ
ସାଇଁ ସାଇଁ ବଉଦର ଛାଇ ତଳେ,
ଶିରି ଶିରି ପବନର ଖିଆଲି ଗୀତରେ ? ॥

ମୋ ଘରେ ମୁଁ ଡରି ନାଇଁ କାହାରିକି
ଭୂତ ପ୍ରେତ ଚିରିଗୁଣୀ, ଡାହାଣୀ, ପ୍ରେତିନୀ
ମୋ ଘରେ ସାରା ଆକାଶ ସଂକୁଚିତ ଶୂନ୍ୟ ବିଂନ୍ଦୁ
ସାତ ସମୁଦ୍ରର ଢେଉ ସ୍ଥିର ଶାଂତ, ସୂର୍ଯ୍ୟର ସମସ୍ତ ବହ୍ନି ପ୍ରତିହତ
ସୂର୍ଯ୍ୟ ଦିଶେ ଥଂଡା ପାଣି, ସାକ୍ଷାତ ପୂର୍ଣ୍ଣେଂନ୍ଦୁ
ଖୋଲା ମେଲା ଆକାଶର ପ୍ରଶାଂତ ଓ ଛପା ଲୁହ
ଆଜି ଖାଲି ପିଂଜରା କୋକେଇ ତଳେ
ସ୍ମୃତି ଆଜି ସମୁଦ୍ରର ଉଦ୍‌ବେଳନ, ଅଶାଂତ ହୃଦୟ
ସ୍ମୃତି ହାୟ ସୂର୍ଯ୍ୟର ଅତୃପ୍ତ ତୃଷ୍ଣ ମରୁର ବିଳୟ ॥

ମୋ ବୋଉ ତ ଏଠି ନାହିଁ, ତା' ଆଖି ଆକାଶେ ତାରା
ଆଉ ବାପା ? ସେ ନିଶ୍ଚେ ସେ ତାରା ପାଖେ ଚୁପ୍‌ଚାପ୍
ସେ ଦୋସରା ତାରା, ସବୁଦିନେ ଯେମିତି ସେ ବସିଥାଂତି କାଂଥକୁ ଆଉଜି
ଚୁପ୍‌ଟିଏ ହୋଇ ତାଂକ ଅନ୍ୟ ଘରେ ଚାହିଁ
ବେଶି କିଛି କଥା କହଂତିନି ॥

ଆଉ ଆଜି ଚେତନା ସୂର୍ଯ୍ୟାସ୍ତ ଆଗୁଁ ଆଲୁଅରେ ଖୋଜି ଖୋଜି
କଉଡ଼ି ଷଟୀଦୁଛେଇ ମୁଁ ନୟାଂତ
ମୁଁ ଜାଣିଛି ଘର ମୋର କେବେହେଲେ ଖୋଜି ପାଇବିନି ।।

ଏଠି ସବୁ ବାଟ ଖାଲି ଲେଉଟାଣି ବାଟ
ଅନେକ ହିଡ଼, ମଶାଣି, ଅପଂତରା ଓ ଗହୀରି ବିଲ
ଚେତନ ଓ ଅଚେତନ ଦୋଛକି ରାସ୍ତାରେ ଖାଲି
ପଚାରିବା ଯାହା ସାର ଯାକୁ ତାକୁ
"ସଂଜ ନଇଁ ଆସିଲାଣି । କହିକି ପାରିବ ଭାଇ
କେଉଁଠି ମୋ ନିଜ ଗାଆଁ, କେଉଁଠି ମୋ ଘର
ମୁଁ ଦିନେ ଏଇଠି ଥିଲି, ଏଇ କେଉଁ ପାଖ ଗାଆଁ
ସେଠି ଅଛି ମାଟି, ବାଲି, ଖରା, ତରା
ସେଠି ଝରେ ବର୍ଷା ଓ ଶିଶିର ।"

କଂଡିଆ ଆରପଟର ନଈ ବାଲି ପାଣି ଧାର କରେ
ମୋ ପୁଅ ଏବେ ମୋ ରୁଇ ଶୀତଳାଇ ସାରି
ନଖରେ ବାଲିରେ ଲେଖି ଏଣୁ ତେଣୁ
ବସି ବସି ଲୁହ ଝାରୁଥବ । ତା' ଜେଜେ ଓ ବାପା ପରି
ଆଉ ଏଇ ତାରା ପରି, ଯଂତ୍ରଣାର ଅଗ୍ନାଗ୍ନି ବନସ୍ତରେ ସେ ଏବେ
ଏକାକୀ । କିଏ ଜାଣେ ପାଚିଆ ଉଗୁଡ଼ା ହୋଇ
କ୍ଷୀଣ ଦୀପ ଜଳୁଥିବ ଏଇଛୁଣି ସେଇ କଣ ଘରେ
ଚିକ୍ ଚିକ୍ କରୁଥିବ କଉଡ଼ିର ଫମ୍ପା ପେଟ ସେଇ ଆଲୋକରେ ।।

ବଗିଚା

ସମୁଦ୍ରମାନେ ଯାଆଂତି ଦ୍ୱୀପ ଖୋଜି
ଆକାଶ ବି ଖୋଜିଯାଏ ଶୃଙ୍ଗ ଓ ପାହାଡ଼॥

ମୁଁ ତୁମ ଅପେକ୍ଷା କରେ ବସି ବସି ବଗିଚାରେ
କାଲେ ତୁମେ ଆସୁଥିବ ଫାଇଭ୍ ଡାଉନ୍ କିଂବା
ବସ୍ ଧରି ଓ ଏଇନେ ପହଁଚିବ ଚାଲି ଚାଲି,
କିଂବା ରିକ୍ସା ଟିଂ ଟିଂ କରି ଆସି ଛିଡ଼ା ହେବ
ଫାଟକ ସାମ୍ନାରେ। ହଠାତ୍ ଡାକ ଶୁଭିବ
"ଭଲ ଅଛ ସୀତାକାଂତ, ବହୁଦିନ ପରେ ଆଜି ଦେଖା"
ହେ ଅତିଥି, ହେ ମୋର ବିଶାଳତମ ଅସହ୍ୟ ବେଦନା
ହେ ମୋ ପ୍ରାଣସଖା॥

ଏଠି ମୋର ବଗିଚାରେ ମୁଁ ବସିବି
ଚାରିପଟେ ବତା ଆଉ ଅଗରା ଓ ଅମରୀର ବାଡ଼
ଛୋଟ ଛୋଟ ନିରାପତ୍ତା, ଆଶା ଆଶ୍ୱାସନା
ଛୋଟ ଛୋଟ ପଟାଳିର ସ୍ୱପ୍ନ ଅନାବନା
ଲୁହ ଆଉ ଦୀର୍ଘଶ୍ୱାସ ଫାଟକରେ କୋଲପ ପକେଇ॥

ଏଠି ମୁଁ କଫି ପିଇବି
ଟ୍ରାଂଜିଷ୍ଟର ବଜେଇବି, କାଗଜ ପଢ଼ିବି
ଏଠି ସମୁଦ୍ର, ଆକାଶ ପାଇଯିବେ ଦ୍ୱୀପ ଓ ପାହାଡ଼॥

ତମେ ଆସି ପହଂଚନି
ପ୍ରତୀକ୍ଷାରେ ବେଳ ସରେ, ସଂଜ ଯାଏ ମରି
ପାଣିଠୁଁ ନରମ ଆଉ ଆଲୁଅଠୁଁ ହାଲ୍‌କା ହୋଇ
ତମରି ଅନୁପସ୍ଥିତି ଏଠି ବିଂଚି ହୋଇପଡ଼େ
ରଣିଫୁଲ ଜହ୍ନରାତି ପରି

ଓ ମୋତେ ବୁଡ଼ାଇଦିଏ
ମୁଁ ଅଭାଗା ପଚା ଚେର, ଶୁଖିଲା ପତର ଆଉ
ଝରାଫୁଲ ନେଇ ମାପେ ମୋର ଓଦା ଆଖି ଲୁହ
ଶୁଭୁଥାଏ ଗୋଲାପର ପାଖୁଡ଼ାରେ
ଚେରର ପାଣି ଚୁଚୁମା । ଗଛର ମଲା ଡାଂଗରେ
ଓ ମୋର ମଲା ହାଡ଼ରେ ପତରର ସାବ୍‌ଜାକୁ
ସପନର ନେଳିଆକୁ ସେ ପାଣିର ଉଠିବାର କୋହ ।।

ସେ ଖାଲି ନୀରବ ସ୍ମୃତି । ଚୁପ୍‌ଚାପ୍ ଛୋଟ ହସ କାଂଦ
ଏ ବିରାଟ ଶୂନ୍ୟତାରେ, ନିଷ୍ଫଳ ପ୍ରାଂତରେ
ଗର୍ଭବତୀ କେଇଟି ସନଂଦ
ଯେମିତି ବାଡ଼ କଡ଼ରେ ନାଚି ନାଚି ସେ ଘରଚଟିଆ ।
ଏଇନେ ଚେଷ୍ଟା କରୁଛି ଭରିବାକୁ ମୋ ସ୍ମୃତିର ଆକାଶୀ ମାଠିଆ
ନିଜେ ସିଏ ମହାରଣା, କୁଂଭାର ଓ ଚିତ୍ରକାର
ନିଜେ ସିଏ ଆଂବଡାଳ, ନାରିକେଳ, ଚଂଦନ ସିଂଦୂର ।।

ସଡ଼କରେ ସେମାନେ ଫେରିଯାଆଂତି ଅନେଇ ଅନେଇ
ଛେଳି, ଗାଈ, ମେଂଢା ଆଉ ଦୁଷ୍ଟପିଲା
ବାଡ଼ର ସାବ୍‌ଜା ଡେଇଁ ତାଂକ ଦୃଷ୍ଟି ଚରେ ବଗିଚାରେ
ଛୁଇଁ ଛୁଇଁ ଫୁଲ ପତ୍ର ଘାସ ଆଉ ଫଳ
ଫୁଟିବା ଓ ହସିବାର ବେଦନାରେ ଯେଉଁମାନେ
ଆଖି ଛଳ ଛଳ ।।

ସେଇଠି ରାସ୍ତାର ଶେଷ
ମୋ ବଗିଚା ଯୋଉଠି ଆରଂଭ
ଯଦିଓ ମୁଁ ଅନେକବାର ଦେଖିଛି
ରାସ୍ତାର ସେ ଲହ ଲହ ସାପ ଜିଭ
ମୁଁ ଜାଣିଛି, ସେ ଜିଭ ହଠାତ୍ ଦିନେ ଚାଟିଦବ
ବାଡ଼, ବତା, ପତ୍ର, ଫୁଲ, ଫଳ

ଖୋଲିଦେଇ ବଗିଚାର ପଂଜୁରିରୁ ମୋ ଗଛ ଲଟାଂକୁ
ଓ ସାମିଲ୍ କରିଦେଇ ସେମାନଂକୁ ଶୂନ୍ୟ ଛାଉଣିରେ ।।

ମୁଁ ଜାଣିଛି ପିଲାମାନେ ଦିନେ ନା ଦିନେ ଭାଂଗିବେ ତାଳପତ୍ର
ଫୁଲ ସବୁ ଚିରିଦେବେ ପାଖୁଡ଼ା ପାଖୁଡ଼ା କରି
ଗୋରୁର ପାକୁଳି ଦେବ ଘାସକୁ ମୁକତି
ପ୍ରାଂତରର ଶେଷହୀନ ସୀମାଂତରେ
ହଜିଯିବ ଚୌହଦୀ ଓ ନିର୍ଦ୍ଦିଷ୍ଟ ଇଲାକା
ବିରାଜିବ ଶୂନ୍ୟ ଚଉକତି ।।

ସମୁଦ୍ରମାନେ ଯାଆଂତୁ ଦ୍ୱୀପ ଖୋଜି
ଆକାଶ ବି ଖୋଜିଯାଉ ଶୃଙ୍ଗ ଓ ପାହାଡ଼
ମୁଁ କିଂତୁ ବସି ରହିବି ତମରି ବାଟକୁ ଚାହିଁ
କାଳେ ତମେ ଆସୁଥିବ ଏଇକ୍ଷଣି
ଟ୍ରେନ୍‌ର ତୃତୀୟ ଶ୍ରେଣୀ ଅଥବା ବସ୍‌ରେ
ମୋ ଘର ଠିକଣା ରଖି ପାକିଟ୍‌ରେ
ଯାକୁ ତାକୁ ପଚାରି ପଚାରି
ମୁଁ ତେଣୁ ଚଉକି ଛାଡ଼ି ଉଠିବିନି
ବସିଥିବି ବାଟ ଚାହିଁ ଏଇ ବଗିଚାରେ
କାଳେ ତମେ ପହଂଚିବ ସଂଜବୁଡ଼ି ରାତି ହେଲା ପରେ ।।

ପିଲାଦିନ

ଡଗଡଗ ଚାଲିଥିଲି କୁନି ପାଦ ପକେଇ ପକେଇ
କୁତୂହଳୀ ବିସ୍ମୟର ଦଦରାପୋଲ ସେପାରି ଅମରାବତୀକୁ
ବୃନ୍ଦାବତୀ ତୁଳସୀ ଚଉରାଆଡ଼େ ପତ୍ର ଟୋକିବାକୁ
ଯେତେବେଳେ ଜେଜେ ତମ ଡଂଗା ବୁଡ଼ିଗଲା
ଅଂଧାରିଆ ବଉଦର ଭଉଁରୀରେ ଅଚାନକ ସୂର୍ଯ୍ୟାସ୍ତ ହ୍ରଦରେ ।।

କନିଶିରି ପ୍ରାଣ ମୋର ଅଶକତ
ଅବଲୋକି ଶୂନ୍ୟ ଚଉକତି
ନିରେଖି କାଂଦୁରା ମୁହଁ, ନିପା ଘର, ନଂଡା ମୁଂଡ
ମୂଷାମାଟି ଭଣଭଣ ଅଂଧାରି ଘରର କଣେ
ଡେଣା ପିଟେ ଦୋସରା ଚଢ଼େଇ
ସାମ୍ନାରେ ଲଂବିଥାଏ ଇଜ୍‌ମାଲି ବେଦନାର
ଖୋଲାମେଲା ଖାଁ ଖାଁ ବିଲମାଳ ଦିଗଂତକୁ ଛୁଇଁ
ଦାଂଡରେ କୋକେଇ ପରେ ଘରେ ଦୀପଛାଇ ।।

ସେଥିରୁ ହଠାତ୍ ଯିଏ ଚୁମା ଖାଇ
ତା' କୋଳକୁ ଟେକିନେଲା, ସିଏ ମୋ'ର ବୋଉ
ପ୍ରଚୁର ଖାଦ୍ୟ, ଭରସା, ସାଂତ୍ୱନା ଓ ପ୍ରତିଶ୍ରୁତି
ବାଆ ବତାସିର ମୋଡ଼େ ନୀଡ଼ର ଉଷୁମ ।।

ସେ ବର୍ଷ ଶୀତ ନଥିଲା, ବସଂତ ବି ଦରମଲା, କ୍ଷୀଣ
ଦୂରରେ ନିର୍ଜନ ବଣ, ରେଲ୍ ଡାକ
ପବନରେ ଅଶ୍ରୁର ସୂଚନା
ଶବ୍ଦମାନେ ଖାଲି ହାହାକାର ।।
ବାରଂଡାରେ ବସିଥିବି ତା' ଗୋଡ଼ରେ, କିରଣରେ ପୃଥିବୀର ଗଂଧ
ଆଖିରେ ରେଖା ଓ ରଂଗ ସ୍ୱର ଶୋଭାଯାତ୍ରା

ଜୀବନର ବ୍ଲୁପ୍ରିଂଟ୍ ପୃଥିବୀ ଆଂକିବି
ଗୁନିଆ କଂପାସ୍ ଧରି, ଜାତିଗୋତ୍ର କ୍ରୋମୋଜମ୍ ସ୍ନାୟୁଶିରା ନେଇ॥

ଦାଉ ଦାଉ ଖରାର ଦାଉକୁ ରୋଧି
ପୁଣି ତା'ର କବରୀର ମେଘ ମୋ ମୁହଁରେ
ଆଖି କେବେ ଜହ୍ନ ହୋଇ ଉଲୁସାଏ
ଆଉ କେବେ ମେଘ ହୋଇ ଝର ଝର ଝରେ॥

ମୁଁ ତେଣୁ କହିନି ମିଛ, କହିବାକୁ ଜିଭ ଓଲଟିନି
ମୟୂରର ଚୂଳ କିଂବା ଫରଫର ନେତ କିଂବା କଳା ଡୋଳା ପାଇଁ
କିଛି ସମ୍ମାନ ବା ଭୟ ଯୋଗୁଁ ମୋଟେ ନୁହେଁ
ସାମ୍ନାର ବାରସ୍କଂଧ ଭାଗବତ, ସ୍ତରୀଭୂତ ଚଂଦନର ଖୋଳପା
ଓ ଫୁଲର ଓଢ଼ଣାତଳୁ କାଂଧରୁ ମୁହଁକୁ ଟେକି
ଅନେକ ନିଘା କରି ବି ଅଂଧାରରେ ଠଉରେଇ ପାରିନାହିଁ
ଦେବତାର ଗଢ଼ଣ ବା ରୂପ ଭେକ କିଛି॥

ବରଂ ସେ ଦ୍ୱିଧାର ହେତୁ
ଅପ୍ରତ୍ୟାଶିତ ବଉଦ ଓ ବରଷା
ତା' ଆଖି ଆକାଶେ॥

ମୁଁ ଅନ୍ୟମନସ୍କ ହେଲେ ସେ ବିବ୍ରତ; ତେଣୁ ମୁଁ ଏକାଗ୍ର
ଆଖି ଥାଉ ଉଦ୍ୟତ ଖଡ୍‌ଗ ଉପରେ
ତ୍ରିଶୂଳ ବା ପଦ୍ମ କିଂବା ହାତର ପ୍ରଚୁର ଲଡୁ
ବାହନ ସିଂହ ବା ହଂସ, ମୂଷାଛୁଆ ବା କୁନି ମୟୂର॥

ଘଂଟା ଘଂଟା ଶଂଖ ଓ ଆଳତି ପରେ
ମଂଦିରର ଶୂନ୍ୟ ବେଢ଼ାଟିରେ
ପ୍ରତିଧ୍ୱନି ଖୋଜୁଥାଏ ଆପଣାକୁ

ରହି ରହି ଶୁଭିଯାଏ ଛାତିଫଟା କାଂଦଣା ଲହର
ତା' ହାତରେ ହାତ ରହେ, ଅଂଧାରରେ ତାରା ଜଳେ
ସେ କାଂଦ କି ଘରକଣେ ଦୋସରା ପକ୍ଷୀର ?

ଦୁଇ

ଏଇନେ କୂଅଭିତରେ ଫଂଦ ଯା'ର ଦିଗଂତ ମେଖଳା
କେତେ ବର୍ଷ ଅଧିଆ ପଡ଼ିଛି ଏଠି ସୂର୍ଯ୍ୟ ଆଉ ବଉଦର ବଡ଼ବାଂଡେ
ଖରାରେ ପାପରା ହୋଇ ବର୍ଷାରେ ଫଉଲି
ଆଉ କେତେଦିନ ବାକୀ ସୂର୍ଯ୍ୟାସ୍ତ ମଝି ହ୍ରଦରେ ବୁଡ଼ିବାକୁ ଭେଳା ।।

କନିଅର ଅର୍କବୁଦା, ଚାକୁଂଡା ବଣ ଭିତରୁ
ଚିହ୍ନା ରାସ୍ତା ଜଳିଉଠେ । ଆଂବତୋଟା ପୋଖରୀ ଓ ଗୁଗୁଚିଆ
ଆଲୁଅରେ ବେଶ୍ ଫର୍ଚା ଦିଶେ;
ଘରଭିତରେ ଅଂଧାର, ପଦାରେ ମଇଳା ଆଉ ଚଉକିରେ ଧୂଳି
ଛିଂଡା କରିଆଟି ପିଂଧି ବାହାରେ ଠିଆ ସମୟ
ମୋରି ଅପେକ୍ଷାରେ । ଆଖିରେ ପାହାଡ଼ ଖୋଲ
ମୁହଁରେ ଦାଢ଼ି ଜଂଗଲ; ବେଚାରାଟି ଥୁଂଟା ଓ ଏକେଲା ।।

ପଛରେ ରହିବ ଏବେ କାଦୁଅରେ ତଂଟିଯାଏ ପୋତି ହୋଇ
ମିଂଜି ମିଂଜି ଚେତନାରୁ ଉଝାଳିବା ତାରାର ସପନ
ଶୁଣିଯିବା ଝରାପତ୍ରର ମର୍ମର ଖଂଜଣି ଓ ବର୍ଷାର ନିଃସଂଗ ଗୀତି,
ଶୀତ ସକାଳର ଯେତେ ଦ୍ୱିଧା ଓ ବିରକ୍ତି
ବିଛଣା ଉଷୁମ ଛାଡ଼ି ଗାଇବାକୁ
'ଅଖିଳ ବ୍ରହ୍ମାଂଡପତି' ବାପାଂକ ଡାକରେ
ଶୋଇ ଶୋଇ ଭାସିବାକୁ ବୈକୁଂଠ ଓ ନରକରେ
ଛୋଟ ଫ୍ରକ, ଲଂବା ଶାଢ଼ୀ, ଦେହର ଉଷୁମ ତାତି
କଂଢେଇର ଭଂଗା ଗୋଡ଼, ମାଷ୍ଟରଂକ ବେତମାଡ଼
କାଂଦି କାଂଦି ହସିବାକୁ ବିଅର୍ଥରେ କୋଇଲିର ଉଦାସ ଡାକରେ ।।

ଏଇନେ ଅତୀତ ମୋର ଚୁଚୁଂନ୍ଦ୍ରାର ରୂପ ନେଇ
ଘୂରିବୁଲେ ଶୂନ୍ୟ କୋଠରୀରେ
ନିଦ ଓ ନିଦଭିତରେ ହାଇଫେନ୍ ଟପିବା ଆଗରୁ
ନୀରବତା ଘୁଂଗୁଡ଼ିମାରି ଶୋଇଛି ମୋ କତିରେ
ଆଉ ତା ନିଶ୍ୱାସ ଆସି ବାଜେ ମୋର ଛାତି ଓ ମୁହଁରେ ॥

ମୁଁ କାଂଦୁଛି ମୋର କାଂଦ ଯେତେବେଳେ
ତା କଂଢେଇ ପନିକଂଠି ପାଇଁ କାଂଦେ କୁନିଝିଅ ଆର କୋଠରୀରେ ॥

କ'ଣ ପାଇଁ ବା କାଂଦିବି ?
ନିଜ ମୁହଁ ସାମ୍ନାରେ ଠିଆ ହେବି ପାଳଭୂତ ସାଜି
ମୁଁ କ'ଣ ଡେଇଁପଡ଼ିବି ଆକାଶକୁ !
ଜହ୍ନ, ତାରା ନୀହାରିକା ଧରିବାକୁ ରାଗେ ଗଳଗାଜି
ନାଁ ଏଠି ଶୋଇପଡ଼ିବି ଲାଂଗୁଡ଼ରେ ମୁହଁ ଜାକି
ହେ ସାପୁଆକେଳା ତମ କୁନି ପେଡ଼ିଟିରେ ?
ମୋର ନାତି ଅଣନାତି ଅଗ୍ନାଅଗ୍ନି ବନସ୍ତରେ ବୁଲୁଥିବେ
ଜନବସତିରୁ ଦୂରେ କାହାର ଡରରେ
ଘୁଷୁରି ଘୁଷୁରି ଯିବେ ମୋତେ ଖୋଜି ଖୋଜି ?॥

ତାରାମାନେ ଚକ୍‌ପରି ସାଦାମୁହଁ ଅଫିସ୍ କିରାଣି
ମୁହଁମାନେ ମଲା କଇଁ ତାରା ଆଲୁଅରେ
ମହାଶୂନ୍ୟ ଅଂଧାରରେ କାଖରେ କାଗଜ ଜାକି
ପଡ଼ି ଉଠି ଧାଇଁଥିବ ପୃଥିବୀ-ହକର୍
ଡାକି ଡାକି ପୁରୁଣା ଖବର
ପୁରୁଣା ମାଟି ଓ ଚଂଦ୍ର, ପୁରୁଣା ସ୍ୱପ୍ନ ଓ ମୃତ୍ୟୁ
ଗଛରେ ଚଢ଼େଇ କାଂଦ ଶବ୍‌ଦମାନେ ଖାଲି ହାହାକାର ॥

ସେଦିନ ହଠାତ୍ ଦେଖା, ପରିଚୟ, ଚିହ୍ନାଚିହ୍ନି

ସକାଳର ଦରଜାରେ ବଗିଚାର ମଲ୍ଲୀଫୁଲ,
ପ୍ରଜାପତି କଂକିଂକ ସାଂଗରେ
ସେତେବେଳେ ଆଖି ମଳି ଗେଂଡୁ ଉଠେ ନିଦ ଆଉ ଅଂଧାରରୁ
ବାରି ହୁଏ ଗୋଲାପର ଶିରା ଉପଶିରା
ଭାଂଗ ଖାଇ ମୁଂଡ ବୁଲେ ଘୂରିବୁଲେ ଟିକି ପ୍ରଜାପତି
ସାରୁପତର ପେଡ଼ିରେ କଂକି ଖାଲି ଧଂଦି ହୁଏ
ପୃଥ୍ୱୀ ଭାସେ ଆଗପରି ଚିତ୍ରିତ ଡେଣାରେ॥

ବାସ୍ ସେହି ମୁହୂର୍ତ୍ତଟି ।
ପକେଟ୍‌ରେ ନୋଚାନୋଚା ହୋଇ ରହେ ତା ଡାଇରୀ ଡ୍ରଇଂଖାତା
ଲେଖିବାକୁ ଏଣୁ ତେଣୁ ହସ କାଂଦ କଥା
ଆଂକିବାକୁ ରବର ପେନ୍‌ସିଲ ନେଇ ନାନାଜାତି ଛବି ।
ଆଖି, କାନ, ନାକ, ସବୁ ତାଂକ କାମ ଶେଷ କରି
ଦୋକାନରେ ତାଲା ଦେଇ ଡାଇରୀ ଓ ଡ୍ରଇଂଖାତା ବଂଦ କରି
କାଲିକୋ ଧୋତି ଓ କାଠ ଘିଅ ସହ
ଜଳି ଶେଷ ହେବାଯାଏ
ଶୂନ୍‌ଶାନ୍ ନଈକୂଳ ହୁତୁହୁତୁ ଖୋଲା ପବନରେ॥

ଲ୍ୟାଂଡ୍‌ସ୍କେପ୍

ମିଂଯୁଗ ମୃଣ୍ମୟରେ
ଘରଫେରା ପରଦେଶୀ ପକ୍ଷୀ ଡେଣା ଝାଡ଼େ
ସ୍ଥିର ଡେଣା, ସ୍ଥିର ଶାଂତ ଲଂବା ଦ୍ୱିପ୍ରହର
ହାଇମାରି ଘୁଷୁରି ଘୁଷୁରି ଆସେ
ଉଦାସ ଦିଗଂତ ଡେଇଁ ।।

ଅଂତହୀନ ମାଲଗାଡ଼ି
ଇଟାରଂଗ, ହାଂଡିରଂଗ ଘନ-କ୍ଷେତ୍ର ଗତି
ଉପରେ ବାର୍ଣ୍ଣିସକରା ରୌଦ୍ରସ୍ନାତ ନିର୍ଲିପ୍ତ ଆକାଶ
ଈଷତ୍ ସାବ୍‌ଜା କଳା, ଛିଟା ଛିଟା ମେଂଚା ମେଂଚା
ରଂଗର ସାମିଲ୍ ଏଇ
ଭଂଗା ତୂଳୀ, ଛିଂଡା କାନ୍‌ଭାସ୍ ।।

ବିଜୁଳି ତାରରେ ମୃତ ସୁଂଦର ନେଳିଆ ପକ୍ଷୀ
(ସତେ ମୋର ସ୍ୱପ୍ନ ସିଏ !)
ମୋ ଆଖିରେ ଲୁହ ତା'ର
କଂଠେ ମୋର ମୃତ ତା'ର ଗୀତି
ମାଲଗାଡ଼ି, ଅପରାହ୍ଣ, ଦୂରତୋଟା ଆଂବକଷି
ଓ ଶଂକିତ କୁହୁ
କାହାକୁ ସେ ରଖିଗଲା ସାକ୍ଷୀ ? ।।

କଟାଧାନ ଥୁଂଟା ସବୁ ଈର୍ଷାକଲେ ଆକାଶକୁ
ଧାନକ୍ଷେତ ଚଢ଼େଇଆ ବାହୁନିଲା ମନଟିକୁ ମାରି
ଗାଈର ପିଠିରେ ବସି ଗୀତ ଗାଏ ମନଖୋଲା ଏ କଜଳପାତି
ଅପରାହ୍ଣ ଥାଳିଆଟି ମୃତପକ୍ଷୀ ଶବାଧାର, ଅସ୍ପଷ୍ଟ ରଣକୁହୁଡ଼ି,
କିଏ ଜାଣେ କେତେବେଳେ ବାଟ ହୁଡ଼ି ଏଇବାଟେ ଆସିଯିବ ରାତ୍ରି ?

ଏଣେ ତେଣେ ବିଂଚି ହୋଇ
ଚାରିଆଡ଼େ ନାଲି, ନେଳି ଧୂସର ଓ ସାବ୍‌ଜା ନିର୍ଯ୍ୟାସ
ସବୁ ମୋର ମାଂସର ହୁତାଶ ଆଉ ପ୍ରାଣର ଆଭାସ
କାନ୍‌ଭାସ୍, ତୂଳୀ ସବୁ ଗୁଂଡା ହେଲେ ଚୂରି ହୋଇ
କଅଣ ରହିବ ଆଉ ପୃଥିବୀର ? ମୋ ସତ୍ତାର ?
ରହିପାରେ ଅଣଚାଶ ପବନ ବତାସ ॥

ବୁଢ଼ାର ସ୍ନାୟୁ-ସହର ଅନଳ ଉଦ୍‌ଗାରେ ଏବେ
ଟୁଣ୍‌ଟାଣ୍ କରି ଛିଂଡେ ଶିରା ଓ ଧମନୀ
କଟମଟ ହାଡ଼େ ତା'ର ବେଦନାର ଶେଷ ଆବାହନୀ
ନାଂଡିଆ ପାହାଡ଼୍ ଜଳେ କଳାପଥର ବି ନାଲ୍
ମନେହୁଏ ମୃତ୍ୟୁ ଖାଲି ଶୀର୍ଷତମ ଶେଷ ଅନୁଭୂତି
ଦରଛିଂଡା କାଗଜରେ ଅନେକ ମୃତ ଠିକଣା ଓ ତା'ପରେ
କାଳରାତି, ନିଭା ନିଆଁ ପବନରେ ଅଶାଂତ ବିଭୂତି ॥

ମୁହୂର୍ତ୍ତ

ମୋ ଆଖିର ନିସ୍ତରଂଗ ହ୍ରଦରେ
କାହାର ଉଦ୍‌ବିଗ୍ନ ଛାଇ,
କାହାର ଛିପା ହସ ପ୍ରାଣରେ ଜଂଗଲରେ
ଅଣିମାଦି ଅଷ୍ଟବର୍ଗର ବିଭୂତି ଆଣି
ମୋ ମାଟିଘଟରେ କା'ର ଅନୁପ୍ରବେଶ
ଧୂଳି ଓ ଅଂଗାରର ଖାତରେ
କେଉଁ ହିରଣ୍ୟଗର୍ଭର ସ୍ୱପ୍ନାଂଜନ ?

ରାତିର ଆଖିରେ ଅନେକ ପୂର୍ବ ରାତ୍ରିର ଇସାରା
ଦ୍ରୁତଗାମୀ ଧୂମକେତୁ, ନୀହାରିକା
ଅସୀମ ଅୟୁତ ବିଶ୍ୱ, ମନ୍ୱଂତର ବ୍ରହ୍ମବର୍ଷ
ଅସୁମାରି କକ୍ଷଚ୍ୟୁତ ତାରା
ରାତି, ରାତି, ଢେଉ ପରେ ଢେଉ
ଉଆଁସୀ ଅଂଧାର ରାତି, ଦିଗହଜା ସଂଧ୍ୟାତାରା
ଜୁଆର ଓ ମୁହାଣର ଢେଉ ।।

ନୀରବତାର ଦୁଆର ଖୋଲି
ପାଦ ଚାପି ଚାପି
ନୀଳିମ ଆକାଶର ଆତ୍ମିକ ପ୍ରବେଶ
ଧଳା ଖପୁରୀରେ ଘାସ
ସ୍ନାୟୁ ସୁଏ ଚେତନାର କ୍ଷୀଣ ଛୋଟ ହସ
ଥର ଥର ଘନ ନୀଳିମାର କଜ୍ଜଲୋକ
ସ୍ୱପ୍ନ, ବେଗବାନ୍ ଉଷ୍ଣ ସୁଅ ଓ ଝଡ଼ରେ ସ୍ନାୟୁ
ନଦୀ, ହ୍ରଦ, ସମୁଦ୍ର ଓ ମଣିଷ ଆଖି ଲୁହରେ
ଘନାୟମାନ ମୌସୁମୀ ବାୟୁ
କଳାରାତି, ଆକାଶ-ତୃଷ୍ଣା ଜୁଆର

ଅସୁମାରି ଢେଉ ପରେ ଢେଉ ॥

ପ୍ରଣବ, ପ୍ରଥମ ଶବ୍ଦ
ଶବ୍ଦ-ହୀନ ଘନ ନୀରବତା
ମଧ୍ୟରାତ୍ରି ଆକାଶରେ, ମେରୁର ତଳିପା ଛୁଇଁ
ଶବ୍ଦର ସାମାନ୍ୟ ଘଂଟା-ଅଉମ
ସ୍ନାୟୁ ଆଉ ଚେତନାର ଗାଥା
ସବୁ 'ତେନ ତ୍ୟକ୍ତେନ ଭୁଂଜିଥା' ॥

ସଂଘର୍ଷ ଓ କକ୍ଷଚ୍ୟୁତି
ତାରା ଧୂଳି ଆକାଶର ଶୂନ୍ୟ ଇଲାକାରେ
ଅଯୁତ ସୂର୍ଯ୍ୟରେ ଛାଡ଼ି ବିଂଦୁ ବିଂଦୁ
ଆଲୋକ-ବର୍ତ୍ତିକା
ଖୋଜି ଖୋଜି ମୂଳାଶ୍ରୟ
ଖୋଜି ଖୋଜି ପ୍ରଥମ ଲିପିକା
ଭଂଗାତୁଟା ସ୍ୱରବର୍ଣ୍ଣ, 'କ' 'ବ' 'ଚ' ଯେତେ
ପୋଡ଼ାବତି, ପୋଡ଼ା ମନ ଫିକା ॥

ତା' ଭିତରେ କେଉଁ ଏକ ଛୋଟ ମୁହୂର୍ତ୍ତରେ
ସ୍ୱପ୍ନ ଦେଖା...
ଆଖିର ହ୍ରଦ ପଛରେ କା' ଉଦ୍‌ବିଗ୍ନ ଛାଇ
ପଂଚଭୂତ ଦେହ ତଳେ କେଉଁ ସପ୍ନ ବାଇ !!

ପାଲୁର୍-ପ୍ରୟାଗୀ,
ଗୋଟିଏ ଅପରାହ୍ଣ

ପାଣି, ମାଟି, ଆକାଶର ବୈଠକଖାନାରେ ବସି
ଆଡ୍‌ଡ଼ା ମାରି, ଲୁହଝାରି ଦ୍ୱିପ୍ରହର ଏମିତି କଟିବ ।।

ସନ ତେରଶ ସତାବନ, ବୈଶାଖ ତେଇଶି ଦିନ
ଉଦ୍ୟ ହେଲେ ଦେବ ଦିବାକର,
ଅଚିହ୍ନା ସ୍ୱର କାହାର କାନରେ ଲହଡ଼ି ଭାଂଗେ
ଏଠି ନୁହେଁ ବାଇମନ ଚାଲ ଅନ୍ୟ ସ୍ଥାନ ।।

କେମିତି ଉଜାଣି ଡାକ, ଖରାରେ ଅତୀତ ଜଳେ
ମଲାଦୁବ ମୋ ସ୍ନାୟୁରେ ହୁଏ ଛଟପଟ,
ଛତ୍ରପୁର ଫାଇଭ୍-ଅପ୍, ରଷିକୁଲ୍ୟା ଓ ତା'ପରେ ହୁମା
ବାଟଯାକ ମନର ଡୁଂଡୁଂଗା ବାଜେ, ରଣ କୁହୁଡ଼ି ଭିତରେ
ପଂକୁଆ ପାଣି ଅରାଏ । କଳା କଳା ମୃତ୍ୟୁର ମଇଁଷି
ସ୍ନାତ-ତର୍ପଣ ନିରତ ! ସ୍ମୃତିର ଖଂଡିଆ କାଚ ମତେ ଖେଂଚା ମାରେ
ମରୁନେଇଁ, ବଂଚୁନେଇଁ ଦହଗଂଜ କରି ମତେ
ମାଇକିନା ଖାଇଗଲା । ବିସ୍ଫୋରଣ ନ ହେଉଣୁଁ
ଆଗ୍ନେୟଗିରି ହଠାତ୍ ଶାଂତ ହୁଏ । ଗିଅର ଗର୍ଜନ
ତଳେ ବା'ଘର ନହବତ, ସ୍ନାୟୁର ଗଂଭୀରା ବୁକେ କ୍ଷୀଣ ଦୀପଟିଏ ।।

ବରଂ ଭଲ ଦି'ପାଖର ଗଦାଗଦା ମୋରମ ଓ ପଥର ଦେଖିବା
ଆଉ ସେମାନଂକ କଥା, ନେଳିଆ ପାହାଡ଼ କଥା
ଦୁଇଟି ଧକ୍‌କା ଭିତରେ ସାମାନ୍ୟ ଭାବିବା
ସହାନୁଭୂତିର ସହ । ନ ହେଲେ ଏ ବଣିଛୁଆ
ଛେଳି ପଲ ସିଜୁବୁଦା ଇତ୍ୟାଦି ଇତ୍ୟାଦି

ଯଥେଷ୍ଟ ଭାବନାପାଇଁ କଂଚାମାଲ, ଖରସ୍ରୋତା ଆଲୁଅର
ଘୂର୍ଣ୍ଣିରେ ବୁଡ଼ିବା ଆଗୁଁ, ଅନ୍ୟ ସ୍ଥାନ ଭେଟିବା ପୂର୍ବରୁ॥

ତା'ପରେ ଦ୍ୱିପ୍ରହର ଭେଟହେଲା।
ଅରକ୍ଷ ଅର୍ଝିତ ପରି ବିଚାରାଟି ଗଡ଼ଘାଲି ଶୋଇଥିଲା
ବାଲି ଛିଂଡା-କାନି ପରି ପାଲୁର୍ ଓ ପ୍ରୟାଗୀର
ନୋଳିଆ ବସ୍ତି ଦାଢ଼ର କିଆବୁଦା ମୂଳେ॥

ଝାଡ଼ିଝୁଡ଼ି ହେଇ ଉଠି ଆଖିମଳି ସାମ୍ନା କଲା
ଆଉ ଆମ ହାତଧରି ବାଟ କଢ଼େଇଲା
ଝାଉଁବଣ, କିଆବୁଦା, ଗୁଡ଼କଂକ ଓ ବିଲୁଆ
ଆଖିବୁଜି ସେତେବେଳେ ନାମ ଜପୁଥିଲେ,
ଆକାଶ ସହସ୍ର ନାମ, ସମୁଦ୍ରର ଅଷ୍ଟୋତ୍ତର ଶତନାମ;
ନାଦବ୍ରହ୍ମ ଆକାଶ ଓ ସମୁଦ୍ରର ନିବିଷ୍ଟ ଖିଆଲ ଭାଂଗି
ଝାଂଜିରେ ଘରେ ନ ଶୋଇ ପ୍ରଜାପତି ବୁଲି ଧରୁ ଧରୁ
ମାଡ଼ ଖାଇ, ଲୁହ ସିଂଘାଣି ବୁହାଇ କାଂଦୁଥିଲା
ବୋରା ମାଝି ପୁଅ ଓ ହଠାତ୍ ବିଜୁଳିର ଢେଉଟିଏ
ଚରିଗଲା ଖାଲଢିପ, ବାଲିକୁଦ, ଅର୍କବୁଦା, ମୃଗତୃଷ୍ଣା ସୁଅ॥

କାଚକେଂଦୁ ମୋ ଦହରେ ମଧ୍ୟରାତ୍ରି ମାଛଟିଏ
ଡେଇଁଗଲା ଚକ୍ ଚକ୍ ରୂପା ରଂଗ ପେଟ ଆଉ
କଳା ପାପ ତ୍ରିଭୁଜ ହଲେଇ। ସ୍ମୃତି ବି ଫେରାଇ ଦେଲା
ମୁଁ କିପରି ଝାଉଁବଣ, ଲୁଣପାଣି, ବାଲିସବୁ ଠେଲି ଠେଲି
ପାଇଥିଲି ଅରାଟିଏ ମିଠାପାଣି। ମୋ ବାଲିହରିଣ॥

ଜୁଆରର ଜର ଏବେ ଓହ୍ଲେଇ ଫେରିଗଲାଣି
ଝାଳରେ ଗାଧୋଇ ଏଇ ନିଛାଟିଆ ବେଳାଭୂଇଁ କରମୋଡ଼େ
ନିଦରେ ବିଳିବିଳାଏ "ମୋ ବାଲିହରିଣ

ମୋ ବାଇଆମାଳି, ମୋର ଅଂଧର ଲଉଡ଼ି, ମୋର ଦରିଦ୍ରପସରା"
ମୁଁ ସେଇ ବେଳାଭୂଇଁ। ଆପଣା ବାଲିରେ ବସି ମୁହଁକୁ ତଳକୁ ପୋତି
ନଖରେ କାଟୁଚି ଗାର, ବ୍ରହ୍ମା ବିଷ୍ଣୁ ଆଉ ମହେଶ୍ୱର-
ତିନୋଟି ଶୂନ୍ୟତା। ତମ ପାଇଁ ଓ ସମୁଦ୍ର ପାଇଁ
ଆଉ ଏ ଆକାଶ ? ତା'ପାଇଁ ମୋର ଚିଂତା ନାଇଁ॥

ସମୁଦ୍ରକୁ ଫେରାଇଲି ମୋର ବାଲି, ମୋର ଜ୍ୱର ଓ ମୋର ମଧ୍ୟାହ୍ନ
ଫେରାଇଲି ମୋ ହାତ-ଉଧାରି ଦିନ, ସୁଧମୂଳ ଆବେଗର ଋଣ
ସେତେବେଳେ ଦ୍ୱିପ୍ରହର ଧୀରେ ଧୀରେ ଜଳି ଯାଉଥିଲା॥

ସେ ବାଲିହରିଣ ମୋର, ମୁଁ ଏଠି କାକୁସ୍ଥ ଭାବି
ଡେଇଁଗଲା ପରେ ସେଇ ସାମ୍‌ନାରେ ବାଲିକୁଦ
ଗୋଡ଼ ଭାଂଗି ଛୋଟେଇ ଛୋଟେଇ ତମେ
କେଉଁଠି ଚାଲୁଛ ? କେଉଁଠି ସେ ମଧ୍ୟସ୍ୱର୍ଗ
ଗତି ଯହିଁ ସ୍ଥୁଳ ହେଇ ବସ୍ତୁ ହୁଏ
ଉଦ୍ଦାମ ଉଚ୍ଛ୍ୱାସ ହୁଏ ପ୍ରଶାଂତ ପ୍ରାର୍ଥନା॥

ତମରି ଜଖ୍‌ମୀ ଗୋଡ଼ ଆଉ ତା'ର ଭଂଗା ଛଂଦ
ମୋ ଭିତରେ ଲୁହ ଓଟାରୁଛି। ସାବ୍‌ଜା ନେଳିଆ ବଣ
ଆକାଶ ମେଘକୁ ଟାଣି ଝରାଏ ଯେମିତି॥

ଅନିଶ୍ଚିତ ରେଳଡାକ, ସମୁଦ୍ର ଗୁଡ଼େଇ ଚାଲେ କାଚ
ରୁଣୁଝୁଣୁ କରି ବାସି ଶେଯ, ମସିଣା ଓ ହେଁସ
ହଠାତ୍ ପଡ଼ିଲା ମତେ କଳିଷଠା ଷାଠିଏ ବରଷ॥

କିଂତୁ ଏ ଜଖମୀ ଗୋଡ଼, ଭଂଗା ଅଂଟା ନେଇ
କେବେ ହେଲେ ବିଛଣାରୁ ଉଠି ପାରିବିନି
ସଂଜହେଉ, ରାତିହେଉ, ଖରା ଯାଇଁ ତରାହେଉ

କାଲେ ଛୁଆଁହେବା ଡରେ ମାଆ କତି କତି ହେବି
ପାହି ଛାଡ଼ି ଯାଇ ପାରିବିନି ! !

ଯଦିଓ ଜିପ୍ ଗିଅର୍ ଗର୍ଜି ଉଠେ
ରାସ୍ତାକର ଗଛମାନେ ସୁଅ ହୋଇ ପଛକୁ ଧାଆଁନ୍ତି
ଓ କିଏ ହଠାତ୍ କହେ ଇଏ ହୁମା ।
ସିଟି ଦେଇ, ସେଭେନ୍ ଡାଉନ୍ ବେଗେ ଚଳିଗଲା
ଛତ୍ରପୁର ଷ୍ଟେସନରେ ପ୍ରବେଶ ହୋଇଲା
କିଏ ଫେରୁ ବା ନ ଫେରୁ ଖରାର କିଏ ଯାଏ ଆସେ ?
ଦ୍ୱିପ୍ରହର ଏମିତି କଟିଲା ॥

କୌଣସି ଏକ ସହର ବିଷୟରେ

ମୁଁ ଯେଉଁ ସହର କଥା କହିବାକୁ ଯାଉଛି ଏଇନେ
ତା'ର କିଛି ବ୍ୟକ୍ତିଗତ ନାମ ବୋଧେ ନାହିଁ
କିଂତୁ ଏ ସହର ଜାଣ ତମ, ଆମ ସଭିଂକ ସହର
ଆମ ସ୍ଥିତି ଚାରିପଟେ ଏ ବୁଣିଛି ସୂକ୍ଷ୍ମ ତା'ର ଊର୍ଣ୍ଣନାଭ ଜାଲ ।।

କେହି କେବେ ଜାଣିଛି କି ମାଛ ପାଇଁ ଜାଲ
ଅବା ଜାଲ ପାଇଁ ମାଛ
ସତ କହିବାକୁ ଗଲେ ଆମେ ଏହି ସହରର କ୍ରୀତଦାସ
ଏ ସହର ନିତାଂତ ଆମର
ସହରର ଜୀବନରେ ଯେତେ ଛାଇ ସେତେ ଆମ ମନର ପାହାଚ ।।

ଏ ସହର ଏକାବେଳେ ଦୁଇଗୋଟି ନାରୀ
ଗୋଟିକର ଭରା ସ୍ୱାସ୍ଥ୍ୟ ସାରା ଦେହ ପୂରିଲା, ପୂରିଲା
ଅଂଗେ ଅଂଗେ ପାଟଶାଢ଼ୀ, ପୀନ ପୟୋଧର ଜଡ଼ି
ନୋଥ, ବଳା, ମଥାମଣି, ପାହୁଡ଼, ନୂପୁର
ଅଂଟାସୂତା, କଂକଣ, କେୟୂର,
ଯେ ଆସେ ସ୍ୱାମୀର ପାଶେ ରୁମୁଝୁମୁ ପାଦଚାଳି
ସମସ୍ତ ଜଂଜାଳ ପରେ ନୀରବିତ ରାତିର ଅଂଧାରେ
ଅପେକ୍ଷମାଣ ବେଳାକୁ, ପୁରାତନୀ କବାଟକୁ
ନିଃଶବଦେ କିଳି ଧୀରେ ଧୀରେ ।।

ଆରେକର 'ହୁଲାହୁପ୍' କ୍ଷୀଣସ୍ୱାସ୍ଥ୍ୟ, କ୍ଷୀଣକଟୀ ଓ ତନୁପାତଳୀ
ଲିପ୍‌ଷ୍ଟିକ୍-ମଖା ଆଉ ଅହର୍ନିଶି ଲାସ୍ୟମୟୀ
କ୍ଲବ୍‌ଘରେ, ପାର୍କରେ ଆଭରଣହୀନା ସେଇ ଉଛୁଳା ବାଙ୍ମୟୀ
ଓଟାରେ ସବୁରି ମନ ତା' ଦେହ ଦେହଳୀ ।।

ଏ ସହର ରଖିଅଛି ତା' ପେଡ଼ି ପେଟରା ତଳେ
(ସେ ଅନେକ ଦିନକଥା ଯେଉଁ ଦିନ ବାଜିଥିଲା
ତା'ରି ପାଇଁ ବାହା ନହବତ)
ହାଡ଼ମାଳ, ଭଂଗାସ୍ୱପ୍ନ, ଝରାଫୁଲ, କ୍ଷୟିଷ୍ଣୁ ଆବେଗ
ଏ ସହର ହୋଇପାରେ ଚେଲିତାଲୋ, ତାମ୍ରଲିପ୍ତ ବା କଟିକର୍ଦ୍ଦମ,
ଦଂତପୁରୀ, ଏଥେନସ୍, କଟକ ବା ରୋମ୍
ପାଂଡୋରା ବାକ୍ସରେ ତା'ରି ଅଛି ଖାଲି
ମୃତଧୂଳି, ଛିନ୍ନ ସ୍ନାୟୁ ଆଉ ଶୁଷ୍କ ମେଘ ।।

ଆମ ଏ ସହର କୋଠା, ନଭଶ୍ଚୁଂବୀ ଅଟ୍ଟାଳିକା, ହର୍ମ୍ୟ ଓ ପ୍ରାସାଦ
ଧାନଗୋଦାମ ଭିତର ନଦାନଦି ତା' ଉପର ତା' ଉପର ବସ୍ତା
ଟ୍ରାମ, ବସ୍, ରିକ୍ସା, ଆଉ ଘୋଡ଼ାଗାଡ଼ି ଚଢ଼ି
ପେଂଟ୍ କୋଟ୍ ପରିହିତ ଧଳାମୂଷା ପରସ୍ପରେ ହଠାତ୍ ହାବୁଡ଼ି
ଚେଁ, ଚାଁ ଶବ୍ଦ କରି ଧାନ ବୋହି ନେଇ
ଏଣେ ତେଣେ ଧାଇଁ ଖାଲି ହୁଅଂତି ହୀନସ୍ତା ।।

ଆଉ ଏଇ ସହରର ରାସ୍ତା ଏବଂ ରାସ୍ତାର ଟ୍ରାଫିକ୍
ସିଲଟ ଉପରେ ସତେ ମନଇଚ୍ଛା ଖଡ଼ି ଘଷି ଘଷି
ତିଆରିଛି ତିନି ବର୍ଷ ବୟସର କୌଣସି ବାଳକ ।।

କଫିରଂଗ କାଦୁଅରେ, ରାସ୍ତା ଛାତି କାଦୁଅ ପାଣିରେ
ମୁହଁ ଦେଖେ ଆକାଶର କୁଟା-ରଂଗ ମେଘ
ଆଉ ଅକସ୍ମାତ୍ ବିଜୁଳି ଝଲକ
ସେଥିରେ ସିଂଘାଣି, ପେଜ, ପ୍ରାର୍ଥନା ଓ ଦୂବଘାସ ସବୁ ଯାଏ ମିଶି
ଠେଲାଠେଲି, ପେଲାପେଲି ସଂଖ୍ୟାହୀନ
ଦେହ ଆଉ ମନ ଓ ବିବେକ ।।

ଘୋଡ଼ାଗାଡ଼ି ଚଢ଼ି ଏଠି ପହିଲି ଫଗୁଣ ଆସେ
ଅପ୍ରତ୍ୟାଶିତ ଆପଣା ଉପସ୍ଥିତି ମାଇକ୍‌ରେ କରାଇ ପ୍ରଚାର

ସମସ୍ତେ ହଠାତ୍ ତେବେ ଅଚାନକ ବଉଳଂତି ଆଂବଚଛ ପରି
ପତ୍ରର ମର୍ମର ନାହିଁ, ପକ୍ଷୀ ପକ୍ଷଝଡ଼ା ନାହିଁ
କ୍ଷୋଭରେ ପୀତାଭ ଆମ ସହରର ମୃତାକାଶେ
ହଠାତ୍ ବସଂତ ଆସେ, ସଂଗେ ଧରି ପାତ୍ର, ମଂତ୍ରୀ, ଦ'ସୀ ପରିଚାରୀ ।।

ସେଇମିତି ନିଦାଘରେ ମହାରତି ସଂଗମରେ
ଏ ସହର ପୋଡ଼େ, ଜଳେ ପାଉଁଶ ପାଲଟେ
ରତିକ୍ଳାଂତ ତନୁ ନେଇ ତଂବାଟିଆ ଏ ଅତନୁ
ଶୁଏ ପୁଣି ଗହମ ନିଦରେ ।।

ପରିତ୍ୟକ୍ତ ଅନାଦୃତ ଗଳିକୋଣୁ ଆଷାଢ଼ ଅଂଧାର ଆସେ
ଛକି ଛକି ଲଜ୍ଜାହୀନା ରୂପଜୀବୀ ସହର-ଗଣିକା
ଅପ୍ରସ୍ତୁତ ପଥିକରେ ମହାଯୌନ ଆଶ୍ଳେଷରେ
ଗ୍ରାସିଦିଏ ସତେ ଯେହ୍ନେ ରାହୁ ଓ ଚଂଦ୍ରିକା ।।

ପୁରାତନ ଗଡ଼ଖାଇ, ଭଗ୍ନ ସ୍ତୂପ, ବିଜୀର୍ଣ୍ଣ ପ୍ରାସାଦ
ନିଜ ଅସହାୟତାରେ ଲଭି ଅବସାଦ
ଶିଉଳି ଦାଢ଼ିରେ ଖାଲି ହାତମାରି ବରଷା ସଂଜରେ
ସହର ଶିଶୁରେ କହେ କେତେ କଥା, କେତେ ଆଖ୍ୟାୟିକା
ଭଂଗା କାଂଥ, ଯୋଡ଼ା ମନ ନିଜ ହୃଦ ଶହେ ତାଳିପକା ।।

ସକାଳର କୁହୁଡ଼ିରେ ଏ ସହର ବସି ଦେଖେ ନିଜମୁହଁ
ନଈର ଦାଢ଼ରେ
ଟୁପ୍ ଟାପ୍ କାକରରେ ଶୀତଳ ପେଭ୍‌ମେଂଟ୍ ଶୁଏ
ମୁହଁ ଗୁଂଜି ହଂସପରି ଆପଣା ବେକରେ
ବିଛଣାରେ ମିଛେ ମିଛେ ପଡ଼ଇ ରହି
ଅଳସ କନ୍ୟା ସେ ଭାବେ ସତେ ଅବା ଭଂଗା ସ୍ୱପ୍ନ କଥା
(କେଉଁ ନଷ୍ଟ ତାରା ଜଳେ ତା' ଅଂଧାରି ମନ ତଳେ)
ଅବା ନିଜ ବ୍ୟଭିଚାରେ ନୁଆଁଏ ସେ ମଥା ।।

ରୋଗଶଯ୍ୟା

ଏବେ ବିଶ୍ୱାସ ହଉଚି ମତେ ତମେ ଗଢ଼ିଥିଲ
ତମର ଝଂକା ଗଛରୁ ଡାଳୁଟିଏ ହାଣି
ବାରିଶି ନିହାଣ ଆଉ ମୁଗୁରରେ ଟଂଛାଟଂଛି କରି ।

ଏବେ ସତ ମନେହୁଏ ହୋଇପାରେ ତମିର ମାଟିରୁ
ଫୁଳାଏ କାଦୁଅ ନେଇ ଚକାରେ ବସେଇ
ତମେ କେବେ ଗଢ଼ିଦେଇ ନିଶ୍ଚିଂତରେ ପୁଣି ଭୁଲିଗଲ
ମୁଁ ଭାଟିରେ ଜଳିଲି କି ବଦରିକା ବାହାରିଲି
ଉଦ୍ଧବ ମୁଂଡରେ ବସି ପ୍ରତ୍ୟୟର ବୋଝ,
କି ଅବା ଛତରଛାଳ ଗାଁ ମଶାଣିରେ
କୋଉଠି ସେ ମୂଳବସ୍ତୁ ବିଂବର ସଭାରେ ।।

ସେଥିପାଇଁ ବୋଧହୁଏ ତମପରି ମୁଁ ମୋର ଶୋଇ ରହେ
ଚୁପ୍ ହୋଇ; ମୋ ଦଦରା ଭଂଗା ଖଟିଆରେ
ତକିଆରେ ମୁଂଡ ପୋତି ପୃଥିବୀ ଉଝାଳେ,
ପୁଣି କେବେ ଶୋଇ ଶୋଇ ଚିଟା ଲାଗେ,
'ସଂଜବତି ଜଳିଲାଣି, ଟିକେ ଉଠି ବସ ବା'ବୁ'
ବୋଉର ଡାକରେ; ଉଠିଆସି ବସେ ଟିକେ ସାମନାର
ଟିଣ ଚଉକିରେ ।।

ପିଲାଦିନେ ସେଇକଥା ଦେଖିଥିଲି । ପ୍ରତିହାରୀ ହାତରେ ବଇଠା ଧରି
ଯାଂଚ୍ କରେ ତାଲା ଆଉ ମୁଦ ଏବଂ ତମକୁ ଜଗାଏ
ଛାମୁଦୁଆରେ ହକାରେ, ମଣିମା, ମଣିମା, ଆଉ ତମେ
ରତ୍ନପଲଂକରୁ ଉଠି ବିଜେକର ରତ୍ନବେଦି ପରେ
ନଅଟି ବଇଠା ଜଳେ, ହାତ ମୁହଁ ଧୋଇବାକୁ
ଗରାବଡୁ ପାଣି ରଖେ ରତନ ଝରିରେ
ବାହାରେ ଦିନଟି ଆସେ କର୍ପୂର ପିଠଉବତି ଆଳତି ସଂଭାରେ ।।

ମୋର ମଧ୍ୟ ବେଶି ଜାଗା, ଚରାଭୂଇଁ କ'ଣ ଲୋଡ଼ା
ଯଥେଷ୍ଟ କେଇ ପହଣ୍ଡ ଖଟରୁ ଚୌକିକୁ
ଯଥେଷ୍ଟ ଦଶ ଫୁଟରେ ବାର ଫୁଟ ଇଟା ଓ କଂକ୍ରିଟ୍
ଛୋଟ ଛୋଟ ଖଂଜ ପାଦ ନେଇ ଅବା କାହିଁକି ମୁଁ
ବାବନାଭୂତର ପରି, ଯା ଉପରେ ତା' ଉପରେ ଭରା ଦେଇ
ଏତେ ବଡ଼ ପୃଥ୍ୱୀରେ ବୁଲିବି
ସବୁବେଳେ ଚିଂତା କରି କେତେବେଳେ କରୁଣା କଣିକା
ମିଳିଯିବ, ଲଂଘିଯିବ ପଂଗୁଟିଏ ଗିରି ॥

ବେଶ୍ ଭଲ, ବର୍ଷକରେ ଥରୁଟିଏ ଯିବି ବୁହା ହେଇ
କାହାଳି, ମାଦଳ, ଆଉ ତେଲିଂଗି ବଜେଇ
ତମ ପରି ନଂଦିଘୋଷ ରଥେ
ଆବେଗ ଓ କଳ୍ପନାର ମୋଟା ମୋଟା ଦଉଡ଼ାରେ
ଟଣା ହେବି ପୃଥିବୀର ଉଦାସୀନ ବଡ଼ଦାଂଡ ପଥେ ॥

ଝରକା ଓ ଦରଜା ବି ଏଠି ବଂଦ ବାହାରେ ପୃଥିବୀ
ଝରକା ହେଇ ପଦାରେ ଧୂଳି ଆଉ ମଇଳା ମୁହୂର୍ତ୍ତ
ତମେ ମଧ୍ୟ ସମୁଦ୍ରର ଦାବୀଠାରୁ ଆପଣାକୁ ଦୂରରେ ରଖିଚ
କି ଲୀଳା ହେ ମହାବାହୁ ପାଚିରି ତମର ସତେ
କେଡ଼େ ଦଂଭ, କେତେ ଯେ ବଧିର, ସ୍ତବ୍ଧ ଆଉ କେଡ଼େ ଉଂଚ
ସମୁଦ୍ରର ଏତେ ବଡ଼ ପାଟିତୁଂଡ, ଡାକହାକ ସବୁ ସେଠି ସତେ ଅପହଂଚ ॥

ମୋର ମଧ୍ୟ ଚଷମାର କ'ଣ ଲୋଡ଼ା
ଦଶଫୁଟ ବାରଫୁଟ ଆଖିଡୋଳା ସହଜରେ ପହଂଚି ପାରୁଛି
କାଚ ଯୋଡ଼ି ଆଖି ମିଟି ମିଟି କରି ଦେଖିବାର ବେଳ ନାଇଁ
ଏ ଘର ବାହାରେ ଯେତେ ଦୂରର ଛବିକୁ
ଡୋଳାମାନେ ଏବେ କ୍ଳାଂତ ଖଟ, ଚୌକି, ଦର୍ଜା ଓ ଝରକାଠାରୁ
ଧକ୍କା ଖାଇ ଖାଇ, ପହୁଂଚି ଓ ପୁଣି ଫେରି ବହୁବାର
ମୋ ଟେବୁଲ ଉପରର ଔଷଧ ଗିଲାସ, ଫଳ, ରେଡ଼ିଓ ଓ ଟେଲିଫୋନଠାରୁ ॥

ଏତିକି ଦେଖିବା ପାଇଁ ଦି'ଟା ଆଖି କ'ଣ ଲୋଡ଼ା
ଗୋଟିକରେ କାମ ଚଳିଯିବ। ପୃଥିବୀରେ ଦେଖିବାର କ'ଣ ଅଛି
ଥରେ ଦେଖିଲା ଉତ୍ତାରୁ ପୁନରାବୃତ୍ତିର ଅବା କ'ଣ ଲୋଡ଼ା
ଆଖି ବୁଜି ଲୁହ ଝାରି ବସିଗଲେ
ଅଂଧାରରେ ଏ ପୃଥିବୀ ଜକଜକ ବେଶ୍ ଦୁଶୁଥିବ
ମଂଦିରର ଅଭ୍ୟଂତର ଅଂଧାରରେ ରାତିର ସମୁଦ୍ର॥

ଦୁଇଟି ସ୍କେଚ୍

ଦିନର ଷ୍ଟେସନ

ଆଲୁଅ ଓ ଅଂଧାରର କ୍ୟୁବ୍ ସବୁ
ଆଖିରେ ଉଡ଼ିଯାଆଂତି
ଚିଲ ପରି, ଭୂଇଁ ଦୁଲୁକାଇ
ସେମାନେ ଅଚିହ୍ନା ଆଉ ସାତପର
ଅଂଧାରରୁ ଉଡ଼ିଆସି ଅଂଧାରରେ ଉଡ଼ିଯାଂତି
ଭେଟି ଦେଇ ମେଂଚା ମେଂଚା କଳା ଧୂଆଁ, କିଛି ନିଆଁ ଗୁଲ
ଛିଗୁଲାଇ ମାର୍ଚ୍ଚିଂ ଗୀତରେ ସେଇ ନିଭନ ଲୋକଂକୁ
ସାବଜା ସିମେଂଟ ବେଂଚ ଟିକଟ୍‌ର କାଉଂଟର୍ ଓ କୃଷ୍ଣଚୂଡ଼ାକୁ
ଭାଗ୍ୟ ଯେଉଁମାନଂକର ପାଷାଣୀ ଅହଲ୍ୟା ହୋଇ ଖାଲି ଦେଖିଯିବା
ଡାକହାକ, ସାଂଗ ସୁଖ, ଅନ୍ୟମାନଂକର ଯେତେ ଯିବା ଓ ଆସିବା

ଆଉ କେବେ ସହାନୁଭୂତି ଦେଖାଇ ସେଇ ଅଭାଗାଂକୁ
କ୍ୟୁବ୍‌ମାନେ ମୁହଁରେ ମୁହଁକୁ ଯାକି ଥମିଯାଂତି
ସୁଖଦୁଃଖ ହାନିଲାଭ ପାଂଚ କଥା ବୁଝୁ ବୁଝୁ
ହଠାତ୍ ଡାକରା ଶୁଭେ ଓ ନେଳିଆ ଲୁହା ଧାରଣାରେ
ପଲେ ହଂସ ଛୁଆ ପରି ତା' ପଛକୁ ପଛକୁ
ଗଡ଼ି ଗଡ଼ି ଚାଲିଯାଂତି ସେମାନଂକୁ କିଏ ସେ ଘୋଷାରେ ? ॥

ବାର ଜାତି ଚଢ଼େଇଂକ ସଂଗୀତରେ ନୁଆଁଣିଆ ଝଂକା ଗଛ
ନରଖର ଧ୍ୟାନମଗ୍ନ ଥୁଂଟା ଗଛ ଉଭୟ ଭିତରେ
ଯେତେବେଳେ ଅଜାଣତେ ରେସ୍ତୋରାଁର
ଚା' କପ୍, ମ୍ୟାଗାଜିନ୍ ଚିଡ଼ିମାଡ଼େ
ଇଚ୍ଛାହୁଏ ଚିହ୍ନାମୁହଁ ନିକୁଟେଇ ଖୋଜେ
'ଅ ଆ' ଯୋଡ଼ିଏ ଚିହ୍ନା ଅକ୍ଷର
ଝିଅ ମୋର ଖୋଜୁଥାଏ ଏଡ଼େ ନଂବା ଖବର କାଗଜେ॥

ଯେତେବେଳେ ଦିନ ବେଶ୍ ବାକୀ ଥାଏ
ସଂଜ ଥାଏ ଦୂରେ। ଆଲୁଅ ଓ ପବନରେ ଛାଇମାନେ
ଝୁଲୁଥାଂତି, କୃଷ୍ଣଚୂଡ଼ା ଲାଲ ହୋଇ ଜଳେ
ବିଶ୍ରାମ ଓ ବିରାଗର, ନର୍କ ଓ ପାପର ପୃଥ୍ୱୀ ଦୂରେ ଥାଏ
ସିମେଂଟ୍ ବେଂଚରେ ବସି ଟିକି ଚଢ଼େଇଟି
ସଂଗୀତରେ ସମୟର ନଈକି ଓଗାଳେ
ମୋର ମଧ ଇଚ୍ଛାହୁଏ ମୁଁ କୁଆଡ଼େ ପଳେଇବି
ଏଡ଼େ ନଂବା ଗାଡ଼ିଟିର ଯେ କୌଣସି କୋଠରୀରେ ପଶିଯିବି
ଓ କହିବି ଆରେ ବାବୁ ମତେ ଏଠୁ ନେଇଚାଲ
ଯୁଆଡ଼େ ତୋହରି ଇଚ୍ଛା, ମୁଁ ଘୂରି ବୁଲିବି
ବିଲ, ବଣ, ପାହାଡ଼ ଓ ବିରି, ମୁଗ, ସୋରିଷ କିଆରି
ବଉଦ ବା କଂକି ପରି ହାଲୁକା ହୋଇ,
ଭାରି ହୋଇ ଲୁହ ଓ ଇସ୍ପାତ ପରି କଳଂକି ଧରିବା ଆଗୁ।
ଢୋଳାଇବା ପୂର୍ବରୁ କାହାର
ପରିତ୍ୟକ୍ତ ଲୁହା ଧାରଣାରେ, ହୁଏତ ବା ମନେ ପଡୁଥିବ
ଦୁଇ ଏକ ଚିହ୍ନା ମୁହଁ, କୃଷ୍ଣଚୂଡ଼ା ଓ ଟିକି ଚଢ଼େଇ॥

କିଂତୁ ମୁଁ କାଂଦିବି ନାହିଁ ତାଂକ ପରି ଛୋଟ ପିଲାପରି
ଦୃଢ଼ ଦାବୀ ସତ୍ତ୍ୱେ ଯଦି ପ୍ରଦର୍ଶନୀ ମଂଡପରୁ କିଣା ହେଲାନାହିଁ
ସେ ଜୋକର ବୁଢ଼ା ଯିଏ ଜରିର
ପୋଷାକ ଆଉ କାନରେ କୁଣ୍ଡଳ ନାଇ
ମୁଂଡକୁ ହଲାଏ ଓ ପିଲାଟି ତାକୁ ଆଉ ଜୀବନରେ
କେଉଁଠି ଭେଟିବ ନାଇଁ ବୋଲି କାଂଦେ କଇଁକଇଁ 'ସୁମରି ସୁମରି'॥

କାରଣ ମୁଁ ଦେଖିପାରେ ମୋର ଭାଗ୍ୟ ନିଷ୍ଠୁର ନିୟତି
ସଂଜ ହେଲେ ଅଂଧାରରେ ଫେରିବି ମୁଁ
ସେ ପୁରୁଣା କୃଷ୍ଣଚୂଡ଼ା ଗଛ ଆଉ ପ୍ଲାଟଫର୍ମ ସିମେଂଟ୍ ବେଂଚକୁ
ମେଦିନୀ କଂପାଇ ଯେବେ ଆଲୁଅର କ୍ୟୁବ୍‌ମାନେ
ପୁଣି ଆସି ଛିଡ଼ାହେବେ, ମୁଁ ପୁଣି ଆସି ଛିଡ଼ାହେବି

ମ୍ୟାଗାଜିନ୍ ଚାହା କପ୍ ଛାଡ଼ିଦେଇ ଭଂଗା ଅଂଟା ସଳଖେଇ
ଦବିଯିବା ଗୋଡ଼ ଦୋ'ଟି ଦଂଭ କରି ସିମେଂଟ୍‌ରେ ପୋତି
ଓ ଭିତରୁ ହୁହୁ ମାଡ଼ି ଆସୁଥିବା ଗୋଟେ ପିଂଡୁଳାକୁ
ତଂଟିରେ ଜାବ ପକେଇ।
ହଲେଇବି ନୋଚାକୋଚା ରୁମାଲକୁ ମୋର
ଦୁଇ ଏକ ଚିହ୍ନା ମୁହଁ ଆଉ ବେକ
ଆଲୁଅର କୋଠରୀରୁ ଶୂନ୍ୟତାର ଅଂଧାରକୁ ଲଂବିଯିବେ
ଓ ତା'ପରେ ଖାଲି ରାତି, ଶୁନଶାନ୍ ପ୍ଲାଟଫର୍ମ ବେଂଚ
କୃଷ୍ଣଚୂଡ଼ା କ୍ୟୁବ୍ ସବୁ ଗୀତ ଗାଇ ଗଡ଼ିଯିବେ ସମାଂତର
ରେଖା ମାନି ଦୂରୁ ବହୁଦୂର॥

ରାତିର ଷ୍ଟେସନ

ଦୂରରେ ନୂଆ ଶିଖାଳି ଛୋଟ ଝିଅ 'ଗୀତ-ସାର୍' ଚାଲିଯିବା ପରେ
ଅହେତୁକ୍ ଦୁଷ୍ଟାମିରେ ନିଷାଦ, ଋଷଭ, ଶୁଦ୍ଧ କୋମଳର ସୂତ୍ର ସବୁ
ପିଠି ପଟେ ରଖି ହାର୍ମୋନିୟମ ରିଡ୍‌ଟିଏ
ଚାପିଧରି ସ୍ୱରଟିକୁ ଜୀବନ୍ୟାସ ଦିଏ
ଗଂଭୀର 'ସା'ଟି ତା'ର ପାପୁଲି ଆଉଁସା
ପାଇ ତୋଫା ଧଳା ପାରା ହୁଏ
କୃତଜ୍ଞ ବେକ ଲଂବାଏ ହଠାତ୍ ଉଡ଼ିଯାଏ ତୀରପରି ଦୂର ଦିଗଂତକୁ॥

ଆଉ କେତେ ଅଂଧାରି ବନସ୍ତେ ଶୁଭେ ମିଳିତ କଂଠରେ
ଦୀର୍ଘ ହମାରଡ଼ି କରି ଏକାବେଳେ ଚାରି ପାଂଚ ଗାଈ
ହଠାତ୍ ତାଟକା ହୋଇ ଊର୍ଦ୍ଧ୍ୱଶ୍ୱାସେ ଗଲେ କି ପଳାଇ ?।

ପାଖରେ ପହଂଚି ଗଲେ ଦେଖାଯାଏ ରାତି ଅଂଧାରରେ
ପରିତ୍ୟକ୍ତ ଲୁହା ଧାରଣାରେ ଶୋଇ କଳା କଳା
ମଇଁଷିମାନେ ତିଂତଂତି ଝିପିଝିଝି ବରଷାରେ
ସମାଂତର ଦୁଇଟି ରେଖାରେ

ଆଗପଛ ଘୋଷରା ଓଟରା ନାହିଁ
ସିଟି ଆଉ ସିଗ୍‌ନେଲର
କ୍ଳାଂତି ଓ ବିରକ୍ତି ନାହିଁ
ବହୁ ପଥ ଭ୍ରମି ଭ୍ରମି
ଏଇନେ ସକଳ ତୀର୍ଥ ତୋହରି ଚରଣେ
ବାର ଅନିଭୋଗ ଦୁଃଖ ପାପରା ଓ୍ୟାଗନ ସହେ
ଆପଣାର କରମ କଷର
ଅଜଗର ଗହନ ଅରଣ୍ୟେ ॥

ଆଉ କିଏ ଦିଶୁଥାଂତି ଦରମଲା ବତିତଳ ଛାଇ ଆଲୁଅରେ
ଇଂଜିନର ତାତିଲା ଆବେଗ ଧକ୍‌କା ଖାଇ ଖାଇ
ଯୋଡ଼ି ହେବା ଓ ଛିଡ଼ିବା ଭାଗ୍ୟରୁ ପେନ୍‌ସନ୍ ନେଇ
ନିଜ ପଢ଼ା ଘରେ, ମ୍ୟାଗାଜିନ୍ ପଢୁପଢୁ
ଏଣୁ ତେଣୁ କିଛି ଭାବୁ ଭାବୁ
ହଠାତ୍ ଘୁମେଇଛଂତି ଅଦିନିଆ ବରଷାର ସଂଜୁଆ ନିଦରେ ॥

ସହସା ଏ ବିଶ୍ରାମ ଓ ବିରାଗର ଛଂଦ ଭାଂଗି
ଏକୁଟିଆ ଇଂଜିନଟେ ଆକୁଳ ଚିତ୍କାର କରେ
ନରକରେ ପାପୀଟିଏ ଟକ୍ ଟକ୍ ଫୁଟୁଥିବା
ତେଲର କୁଂଡରେ ପଡ଼ି ଛଟପଟ ହେଉଛି କି ? ଅବା ଯମଦୂତ
ଶିମିଳି ଗଛରେ ବାଂଧି ଗଦା ଧରି ପିଟଂତି ନିର୍ଘାତ ॥

ଇଏ କ'ଣ ଭୂତଖାନା ? ଚୁପ୍‌ଚାପ୍ ଫୁସ୍‌ଫାସ୍ ଷଡ଼ଯଂତ୍ର
ଶୁକୁଟା ସେମେଟା କଥା ପଦେ ପଦେ ଶୁଭେ ରହି ରହି
ଅଂଧାର କହୁଛି କଥା, କଥା କହେ ନିଆଁ ଆଉ ପାଣି
ଯମରାଜ କାଶୁଛନ୍ତି, ଚିତ୍ରଗୁପ୍ତ ପୃଷ୍ଠା ଓଲଟାଏ
ବେକରେ ପଥର ବାଂଧି ଚାଲୁଛଂତି ଲଂବା ଲଂବା ଛାଇ ॥

କୁରୁକ୍ଷେତ୍ର

ଏକ

ସଂଜର ଖୋଷା ଭିତରେ ଗୋଟିପୋକ
ଘୁମୋଉଥିଲି ଏକେଲା ବାରଂଡାର ଗୋଟିଏ କଣରେ
ସାମ୍ନାରେ ମହାଶ୍ମଶାନ, ଦିନଟିର ଯୁଦ୍ଧକ୍ଷେତ୍ର
କୁହୁଡ଼ି ଓ ଅଂଧାରରେ ନିଭି ଆସୁଥିଲା,
ଆଉ ମୋର ମନେହେଲା
କଅଁଳିଆ ସକାଳର ଆଶ୍ରାହୀନ
ଓ ସରଳ ଆବେଦନ
କିଂବା ଭୟଂକର ଦୃପ୍ତ ମଧ୍ୟାହ୍ନର ଆକ୍ରମଣ ଭିନେ କଥା
କିନ୍ତୁ ଏଇ ଦୁର୍ବଳିଆ, ରକ୍ତହୀନ, ଉଦାସ ମଳିନ ସଂଜ,
ଯିଏ ଖାଲି ଚୁପ୍ ହୋଇ ସାମ୍ନାରେ ଆସି ଠିଆ ହୁଏ
ତା'ର ଅଦୋଉତି ବଡ଼ ସାଂଘାତିକ। ତା' ଆଖିକୁ ଚାହିଁ
କି ଅଜଣା ଭୟ ଆସେ, ଅଚାନକ ମନ ଯାଏ ମରି
ଆପଣାକୁ ଆପେ ଲାଗେ ଚୂନଖସା କାଂଥଟିରେ
କୋଉଦିନୁ ଝୁଲୁଥିସବା ଜେଜେଂକର ତୈଳଚିତ୍ର ପରି
ଯେତେବେଳେ ବାହାରର ଅଂଧାରରେ
ଜୁଳୁଜୁଳା ପୋକ ଆଉ ଅହେତୁକ ଶୂନ୍ୟତା ଓ ପତ୍ର ସାଇଁ ସାଇଁ
ଶୂନ୍‌ଶାନ୍ ଆକାଶରେ ମଂତ୍ରପରି
ଅସ୍‌ପଷ୍ଟ ସଂଗୀତ ଆଉ ମାଳ ମାଳ
ଅଜଣା ଚଢ଼େଇ।
ସଜ ଛନ ଛନ ମୋର ସ୍ୱପ୍ନଂକର କବଂଧ ଓ
ହାତଗୋଡ଼ ଛିଡ଼ିଥିବା ନାଲି ନେଳି ମାଦଳ ଆଶାଟିମାନ
ଗଡୁଥାଂତି। କିଏ ସୁକୁ ସୁକୁ ଆଉ ହାତଗୋଡ଼ ଟିକେ ଛଟପଟ
(କ'ଣ ସାଥେ ନେଇଯିବି ଯେତେବେଳେ ଛୁଟିବ ଏ ଘଟ)
ହତାଶା ଓ ଭୟର ଶାଗୁଣାମାନେ ଖୁଂପୁଥାଂତି ଦୃଷ୍ଟିର ଆଲୋକ

ସଂଦେହର ବିଲୁଆ, କୁକୁର ସବୁ ଦାଂତରେ ରେକୁଟୁଥାଂତି
ସଜମଲା ଶୋକ ।।

କିଏ କ'ଣ କହୁଥାଏ,
ଭଂଗା ଭଂଗା ଘୋ ଘୋ କଥା ସବୁ
ଆଗ୍ନେୟାସ୍ତ୍ର ପରି
ହଠାତ୍ ଉଡ଼ି ଆସଂତି ଓ ଭେଦଂତି ଦେହ
ଓ ମନରେ
ବାକ୍ୟମାନେ କିଳିକିଳା ଭୀମରଡ଼ି, ଶତ ସିଂଧୁଘୋଷ
ଶବ୍ଦମାନେ, ଦିନେ ଯିଏ ପ୍ରଜାପତି ପରି
ଉଡ଼ିଆସି ବସୁଥିଲେ, ଝୁଲୁଥିଲେ ମୋ ସ୍ମୃତି-ଡାଳରେ
ଏବେ ଖାଲି ଝଣତ୍କାର
ଗାଁର ଅପେରା ପାର୍ଟି ଖଂଡା ଯୁଦ୍ଧ ଆଉ ଶେଷ ଦୃଶ୍ୟ ।।

ଏ ମୃତ ଦିନଟା ମୋର
ଏ ଭୀଷଣ ଯୁଦ୍ଧକ୍ଷେତ୍ର ମୋର ଆପଣାର କୃତକର୍ମ
ନିଷ୍ଠୁର ନିୟତି ପୁଣି, ବେଦନାର ପରିଧିକୁ ଡେଇଁ ଯାଇ ପାରିବିନି
ସାମ୍ନାରେ ଲକ୍ଷ୍ମଣର ଗାର ।।

ଦୁଇ

ସେ ଆସିଲା, କୁନିଝିଅ, ହାତଧରି ଟାଣି ଟାଣି
ନେଲା ମୋତେ ଆଉ ଗୋଟେ ସମର ଭୂଇଁକୁ
ସ୍ମିତର ବିଜୁଳି ତା'ର ଅଂଧାରରେ ବାଟ କଢ଼େଇଲା
ସେ ଯେମିତି ମୋ ମାଷ୍ଟର, ମୁଁ ତା'ର ଅତି ବାଧ୍ୟ ପିଲା ।।

ଗଳି ପୋଲ ପାରି ହୋଇ ସରୁଆ ଦଉଡ଼ିଟିଏ ତା'ର କୁନିହାତ
ଲକ୍ଷ୍ମଣର ଗାର ଡେଇଁ, ଡେଇଁ ପଡ଼ି ବିଷାଦର ଏରୁଂଡି ବଂଧକୁ
ବାରଂଡାରୁ କୋଠରୀକୁ, ତା'ର ଭିନେ ସମର ଭୂଇଁକୁ

ବାଉଁଶରାଣୀ କେଳା ମୁଁ ଦଉଡ଼ିରେ ଶୂନ୍ୟେ ଶୂନ୍ୟେ ପାରି ହେଲି
ହାତରେ ଜାବୁଡ଼ି ଧରି ତା' ହସ ଓ ଦରୋଟି କଥାକୁ ॥

ଆଉ ମୁଁ କ'ଣ ଦେଖିଲି ? ସାଂଘାତିକ ଯୁଦ୍ଧଭୂଇଁ
ସେଠି ଘୋଡ଼ା ଗୋଡ଼ ଭାଂଗି ପଡ଼ିଥିଲେ ଓ ତାଂକ ସବାର
ମୁହଁ ମାଡ଼ି ଏଠି ସେଠି ପଡ଼ିଥିଲେ ସାଂଢ଼ୁ ଫିଂଧି ଆଉ ଢାଲ ଧରି
ହାତୀର ମୁଂଡ ହୁଗୁଳି ପଡ଼ିଥିଲା ଗଂଡିଠାରୁ ପାଂଚହାତ ଦୂର
ସେଠି ରଥ ଚକ ସବୁ ଗଡୁଥିଲେ ଖଟ ଆଉ ଚଟାଣ ଉପର ॥

ଟ୍ରାମ, ବସ୍, ଚଉକି, ଟେବୁଲ ଯେତେ ଓଲଟିଥିଲେ
ଘର ସବୁ ଭାଂଗି ପଡ଼ିଥିଲା । ମୁହଁ ପୋତି କଂଢେଇ ବୋହୂଟି ଖାଲି
କେଜାଣି କାହିଁକି ଆହା ନାକ ସୁଁ ସୁଁ କରି କେତେ କାଂଦୁଥିଲା
ପନିକଂଠି, କାଚମାଳି ସମସ୍ତ ଚଟାଣ ସାରା ଜଳୁଥିଲେ ।
ପାହାଂତିଆ ଆକାଶରେ ତାରାପରି ଓ ମହାଶ୍ମଶାନେ
ଦାଢ଼ିର ହସଭିତରୁ ନିୟତି ଜୋକର ତା'ର ଗିନି ବଜେଇଲା ॥

ସେ ହସିଲା ସରୁହସ ସମୁଦ୍ରର ଶୂନ୍ୟତାରେ ଚଂଦ୍ରମାର ପ୍ରଥମ କିରଣ
ଅଂଧାରରେ ମଲାମୁହଁ ମୋର ଅଦ୍ଧ ଦୁଶୁଥିଲା
ଦରଜଳା ରୁଇର ସମାନ ॥

ଅନ୍ୟ ପୃଥିବୀ

ଦଦରା ଖଟିଆଟିର ଅନଂତ ଶୟନୁ ଉଠି ଆଖିମଳି
ସେ ହଠାତ୍ ଛିଡ଼ା ହୁଏ
ସୂର୍ଯ୍ୟ ଆଉ ଆକାଶକୁ କୋଳକୁ ଓଟାରି ଆଣେ
ହରରଂଗୀ ବଉଦର ଗାଲ ଟିପି
ସକାଳର ପବନକୁ ସ୍ନେହରେ ଆଉଁସି ସାରି
ସାରୁପତ୍ର ଦି'ହାତରେ ଧରି ସିଏ ସାମ୍ନାକୁ ହାତ ବଢ଼ାଏ,
ମହାଶୂନ୍ୟେ ନିଶ୍ଚଳ ଭାବରେ ଉଡ଼େ କଂକିଟିଏ ଏ ଯେଉଁ ପୃଥିବୀ
ତାକୁ ଧରି ଆଣେ। ତା' ରଂଗୀନ ଡେଣା ଛୁଇଁ
ଲାଞ୍ଜରେ ଦଉଡ଼ି ବାନ୍ଧି ଦିନସାରା ଖେଳିବ ବିଚାରେ।।

ଅଥଚ ତା'ପରେ ସିଏ ନାକରେ କାନରେ ଭରି ଭାତ ଦି'ଟା
ମାଛ ପରି ଲାଞ୍ଜ ପିଟି ମଣିଷର ସମୁଦ୍ର ପହଁରି
ଟ୍ରେନ୍ ବସ୍, ଟ୍ରାମ୍, ବଗି,
ହାଙ୍ଗର ଓ ତିମି, ତିମିଙ୍ଗିଳ ଡେଇଁ
ଅଫିସ୍‌କୁ ପଶିଯାଏ। ଖସିପଡ଼େ ପରିଚିତ ଖାଳେଇ ଭିତରେ
ଧୂସର ଓ ହଳଦିଆ କାଗଜର
ଯୋଜନ ଯୋଜନ ଲମ୍ବା
ବେଦର ମଂତ୍ରକୁ
ଦରମରା ମାଛଟିର ଆଖିଦୋଟି ବଲବଲ ଚାହେଁ ନୀରବରେ।।

ଦି'ପଟରେ ନେଳି ନାଲି ଫୁଲ ଓ ଫଳରେ
ଗଛ ସବୁ ଭାଙ୍ଗିପଡ଼େ
ବାସନାର ମହକରେ ପ୍ରାଣ ଉଲୁସଇ
ପବନରେ ଡାଳ ସବୁ ଦୋହଲଂତି, ତା ଦେହ ଛୁଅଂତି,
ପର ମୁହୂର୍ତ୍ତରେ ତାକୁ ଶିମିଳି ଗଛରେ ନେଇ
ପିଟିଦିଏ ଅଂଧୁଣି ଝଡ଼ରେ, କେହି ଜଣେ
ବାଘମାମୁଁ ରଡ଼ି ଶୁଭେ ବାଟଘାଟ ହଜି ସରିଥାଏ।।

ଗଦା ଗଦା ପାଳଭୂତ ପରି ଯେତେ ଝରା ପତ୍ର ଖସ୍ ଖସ୍ କରି
ସେ କୁଆଡ଼େ ଯାଉଥାଏ ଆଂଠୁଗଂଠି ବାତ ନେଇ ବୈକୁଂଠଧାମକୁ
ଦୋଳିରେ ଝୁଲେଇ ତାଙ୍କୁ ଲୁଲାବାୟୀ ଗୀତ ଗାଇ,
ବାଘ ମାମୁଁ କଥା କହୁ କହୁ
ରାମନାମ ସତ୍ୟ ହୈ, ରଡ଼ି ରଡ଼ି ସେ ଦୋଳିରେ
କଫିନ୍‌ର କଣ୍ଟା ପିଟା ହୁଏ ।।

ଦି'ପଟରେ ସୋରିଷ, ମୁଗ ଓ ବିରି ଧଣିଆ କିଆରି ସବୁ ଭାସିଯାଂତି
ଆହୁଲାରେ ଡଙ୍ଗା ତା'ର ଉଡ଼ିଯାଏ ପବନ ସମାନ
ବାଟ ଜଣାପଡ଼େନାଇଁ, ଚଉକିରେ ବସି ସିଏ ପଢୁଥାଏ
ଯେତେ ବ୍ରହ୍ମଜ୍ଞାନ
ଆଖି ପିଛାଡ଼ିବା ଆଗୁଁ ହାମୁଡ଼େଇ ପଡ଼ିଥାଏ ସେ ବାଲି କାମୁଡ଼
ନଈରୁ ସମୁଦ୍ର ନୁହେଁ ଗତିପଥ ବରଂ ସାହାରାରେ
ପଥ ସରେ; ଓଟର ହାଡ଼ ପଛରେ ମୃତ ସଂଖ୍ୟା ଓହ୍ଲାଏ ଆକାଶୁ
ଭୟରେ ଚେତା ହରାଏ ଅଂଧାରରେ ଶୁଭେ କାଳରଡ଼ି ।

ରାତିର ଖୋଲା ଝର୍କାରେ ତାରାମାନେ ନାକଚଣା, ଫୁଲଗୁଣା
ଉଡ଼ଂତି ବୁଡ଼ଂତି
ସିଏ ଦେଖେ ବାନା ଗୋସେଇଁ, ମଙ୍ଗଳା
ଇତ୍ୟାଦି ତେତିଶ କୋଟି ଦେବତା
ବଉଦର କୂଅମୂଳେ ବାଡ଼କଡ଼େ
ଲାଞ୍ଜମିଛ ଖଚକଥା ଶୁଣୁଥାନ୍ତି ପୃଥିବୀର
ଏବଂ ତା'ର ହାନିଲାଭ, ସୁଖଦୁଃଖ ପାଞ୍ଚକଥା ପଚାରି ବୁଝଂତି
ସିଡ଼ି ସବୁ ଲମ୍ବିଥାଏ ମାଟିଠାରୁ ଆକାଶକୁ
ଖେପା ମାରି ଚଢୁଥାନ୍ତି ଲୋକମାନେ ମାଙ୍କଡ଼ଙ୍କପରି
ହଠାତ୍ ଉର୍ବଶୀ ଆସି ଛିଡ଼ାହୁଏ ତା' ଆଗରେ ଓ ଗାଁର ଆଖଡ଼ାଘର
ନାଚପରି କଥା କହେ 'ପ୍ରିୟତମ ତୁମେ ଚାଲିଗଲେ
ଏ ଜୀବନେ ଆଉ ମୋର କିବା ପ୍ରୟୋଜନ ?' ରୋମାଞ୍ଚ ଆଗରୁ

ଅକାତ-କାତ ଅଂଧାରେ ହଠାତ୍ ସେ ଖସିପଡ଼େ,
ପେଡ଼ି ପେଟେରାଙ୍କ
ଛାଇ ନାଚେ ଡିବିରି ଆଲୁଅଟିରେ ମହଲ କାନ୍ଥରେ
ପଡ଼ୋଶୀ ମଦଖଟିରେ ଅଶ୍ରାବ୍ୟ ଗାଳିଗୁଲଜ, ଢେଉ ଖେଳେ
ନିଜର ରିକ୍ସାରେ ଶୋଇ କ୍ଷୟକାଶ ରୋଗୀଟି ଅଥୟ କାଶେ
ତାରା ସବୁ ବେଦନାର ନିଆଁଗୁଲପରି ଖାଲି ଜୁଳୁଜୁଳୁ
ଏବଂ ଲୋକେ ରାତିର କାରାଗାରରେ
ନିଜନିଜ ଶୂନ୍ୟତାର ଏକୁଟିଆ ଘରେ ।।

ବୁଢ଼ାମାନେ ମତ ଦେଲେ ଇଏ ବୋଧେ ସେମିତି କିମିଆ
ଯା'ଫଳରେ ନିଶାର୍ଦ୍ଧେ ସମ୍ଭବ ହୁଏ
ଏ ଦେହକୁ ଛାଡ଼ିଦେଇ ଉଡ଼ିଯିବା ଶୂନ୍ୟ ଅଂତରୀକ୍ଷେ
ଅନ୍ୟଘଟେ ପ୍ରବେଶିବା ଓ ପୁଣି ଫେରି ଆସିବା ସେ ଘଟକୁ
ରାତି ଥାଉଁ ଥାଉଁ । ଅଥବା କେଉଁ ମାଲ୍ୟାଣୀ ମଂତୁରା ଫୁଲକୁ ଶୁଂଘି
ଦିନରେ ମେଂଢା ରାତିରେ ଦିବ୍ୟଯୁବା ହୋଇବା ପ୍ରତ୍ୟକ୍ଷେ ।।

ଶରଶଯ୍ୟା

ସ୍ୱପ୍ନରେ ଘନ ଅଂଧାର
ନିବୁଜ, ନିରଂଧ୍ର;
ପିତୃପିତାମହର ସେ ପୁରୁଣା ଇଲାକା
ଆଦିମ ଅବଚେତନ ସମୁଦ୍ରର
ପଂକ ଆଉ ଫର୍ଣ୍ଣ ଓ ଜେଲିମାଛ ଜଳ
ଅତଳ! ଅଥଳ!!

କ୍ୱଚିତ୍ ରଶ୍ମି ଫୋଟକା; ତା'ଭିତରେ
ତାରାର ବୁଦ୍‌ବୁଦ-
କୋଟି ବୈବସ୍ୱତ ମନୁ ସଂବତ୍ସର ପରେ
(ସଂବିତ ବି ମରେ!)
ସଂଦୀପନ ସାମାନ୍ୟ ଆହ୍ଲାଦ!!

ସେ ବୁଦ୍‌ବୁଦ ରଂଗୀନ ପୃଥିବୀ ତଳେ
ଅସ୍ପଷ୍ଟ କ୍ଷୀଣ କୁହୁଡ଼ି
ନାଉରିଆ ମଂଗମୋଡ଼ା, ନଦୀ ଗତି ଛନ୍ଦ
ମତ୍ସ୍ୟଗଂଧା, ରାତି, ସ୍ମୃତିଗଂଧ॥

ଚେତନାର ବୁଢ଼ିଆଣୀ-ସୂତାଖିଅ
ଲଂବିଗଲା ହାଡ଼ର ରଂଜାରେ
ପ୍ରତ୍ୟାଖ୍ୟାନ, ରିକ୍ତ-ସଂବେଦନ
ବୁଢ଼ିଆଣୀ ସୂତାଖିଅ ଛିଡ଼ିଗଲା
ପ୍ରତ୍ୟାଖ୍ୟାତ ମାଂସ ଆଉ ମଜ୍ଜାର କୁହୁଡ଼ି
ଆବାହନ ଓ ପ୍ରତ୍ୟାବର୍ତ୍ତନ॥

ଅନେକ ସ୍ୱପ୍ନର ମଂଜି ଗଜୁରିଲେ
ଆକାଶରେ ବଉଦର ଖୋଳପା ଫୁଟାଇ;
ହେ ଆକାଶ ଭୀଷ୍ମର ଏ ସ୍ୱେଦ ଓ ରକତେ
ସିକ୍ତ ହୁଅ, କର ସୂର୍ଯ୍ୟସ୍ନାନ
ସଂଗ୍ରାମର ଅବସାନେ
ଉର୍ଜସ୍ୱଳ ଚେତନାର ସାୟାହ୍ନ ସାୟାହ୍ନ ॥

ମୋର ରକ୍ତର ଝରଣାରେ
ଅୟୁତ ମନ୍ୱଂତରର ଜରାୟୁର କଷ୍ଟ
ମୋ ମାଂସର ଟୁକୁଡ଼ାରେ
ସଂଖ୍ୟାହୀନ ସହବାସ, ସଂଗମର
ବିଭୂତି ବିନଷ୍ଟ ॥

ତେଣୁ ହେ ପୃଥିବୀ,
ଅଶ୍ରୁର ବହ୍ନିରେ ହୁଅ ଦୀପ୍ତିମାନ
ନପୁଂସକ ସମୟର ଜରାୟୁରେ
ବିଂଚ ନାହିଁ, ଆଉ ବିଂଚ ନାହିଁ
ମିଛଟାରେ ସ୍ୱପ୍ନର ବିହନ ॥

ସେଥିପାଇଁ ଶରତ୍ୟାଗ, ସେଥିପାଇଁ ଏ
ଅଂତିମ ଶେଯ
ଅଂଧାରର ସୁଡଂଗରେ ତୀବ୍ର ବହ୍ନିମାନ ଜ୍ୱାଳା
କେଉଁ ଦୂର ଅତୀତରେ
ଅନେକ ମୃତ-ଶତାବ୍ଦୀ (ଶିଖଂଡୀର)
ହେଉଅଛି ହେଜ ॥

ବୈକୁଂଠର ସିଂହଦ୍ୱାର ଠିଆମେଲା
ଝାଂଜ ମୃଦଂଗ ହାତରେ ଅଗଣନ
ନଂଡାମୁଂଡ, ଚୁଟି-ରଖା ସନ୍ନ୍ୟାସୀର ଦଳ

ଶବ୍‌ଦରେ ବୁଡ଼ାଇବାକୁ
ପ୍ରାର୍ଥନାର କୋଳାହଳେ, ସର୍ମନ୍‌ର
ଉଚ୍ଛ୍ୱାସରେ ଢାଂକିବାକୁ
ଡଂଗାରେ ନାରୀର ସ୍ୱର
ହାଡ଼, ମାଂସ, ଅସ୍ଥି ଓ ମଜ୍ଜାରେ,
ରକ୍ତରେ ନାରୀର ସ୍ୱନ
ଜଘନର ମଂତ୍ର ଉଚ୍ଚାରଣ;
ଅର୍ଥହୀନ-ସବୁ ଅର୍ଥହୀନ
ଚେତନାର ସାୟାହ୍ନରେ
ନିଭିଲା ହୋମକୁଂଡରେ
ପୁଣି କିଆଁ ଘୃତାହୁତି
ପୁଣି କିଆଁ ମାଂସର କ୍ରଂଦନ ॥

କଂଟାର ମୁକୁଟ ସାଜ କ୍ରସ୍‌ରେ
ଅନେକ ଚିହ୍ନ
କାଠ, ଦେହ, ଲୁହାକଂଟା
ନିବିଡ଼ ପରିଚୟରେ ନିରୁକ୍ତ ସଂଗମ
ଖରଜାଳ ନିଦାଘରେ ଶୋଇରହି ସ୍ୱପ୍ନଦେଖା
ଆକାଶର ତାରାଫୁଲେ ତୁଷାର, ତୁହିନ ॥

ଉପଦେଶ ମାଗୁଅଛ ? ମିଛ ଉପଦେଶ
ଶବ୍‌ଦର ଅର୍ଥହୀନତା ବୁଝିସାରି
ସମୟର ରିକ୍ତତାକୁ ହେଜିସାରି
ଅୟୁତ, ଅୟୁତ ବର୍ଷ କାଂଦଣାକୁ
ରଖି ଛାତି ତଳେ
ପୁଣି କିଆଁ ଛଳନାର ବେଶ ? ॥

ତେଣୁ ହେ କାଳପୁରୁଷ
ହେ ଅନାଦି, ଅଣାକାର
ହେ ପୃଥ୍ୱୀ-ଆକାଶ
ଗ୍ରହଣର ମୁହୂର୍ତ୍ତରେ ଭୁଲି ସବୁ
ଅପରିଗ୍ରହକୁ
ଶାଂତ ହୁଅ, ସ୍ତବ୍ଧ ହୁଅ, ହୁଅ
ନୀରବିତ
ସଂଗ୍ରାମ ଓ ସପନର କୁସୁମିତ
କୋଳାହଳେ
ଟିକେ କାନ ଡେରି ଶୁଣ
ଯଂତ୍ରଣା ଓ ଲୋତକର
ଏ ଆଦିମ ମହାନ୍ ସଂଗୀତ ।।

ତ୍ରିପାଦ

ଜନ୍ମ

ଶନ ଶନ ଇଥର୍‌ର ଇଲାକାର
ଘନ କୃଷ୍ଣ ନିବିଡ଼ ପ୍ରହରେ
ନିକଟରୁ ନିକଟକୁ
ଦୁଇଟି ଜ୍ୟୋତିର ବିଂନ୍ଦୁ
ଏକ ଆରେକର କେଂନ୍ଦ୍ର
ଭାରସାମ୍ୟ ଖୋଜି;
ହଠାତ୍ ଶବ୍‌ଦର ଝଡ଼
ଭୟଙ୍କର ଚେତନାର
କୁହରିତ ପ୍ରଥମ ପ୍ରହର ।।

ଚୂନା ଚୂନା ତାରାଧୂଳି
ବିଂଚି ହେଲା
ଅନ୍ଧାରର ମହାସମୁଦ୍ରରେ ତଳକୁ ତଳକୁ ଖୋଜି
ଶୂନ୍ୟ କେଂନ୍ଦ୍ରବିଂନ୍ଦୁ ଲୋଡ଼ି
ପ୍ରଥମ ଓ ଅଂତିମ ଆଶ୍ରୟ ।।

ଜ୍ୟୋତିର ଟିକି ପ୍ରସୂନ
ନଗ୍ନ ଦେହ, ଅନାବୃତ ମନର ପାଚିରି ପରେ
ଅନେକ ଏକକାଳୀନ
ରୋମାଂଚ, ଭୟ, ପୁଲକ
କିଛି ଲାଜ, କ୍ୱଚିତ୍ ଅନୁଶୋଚନ;
ଝଂଜାର ତାଂଡବ ପରେ
ପ୍ରଶାଂତିର ମଂତ୍ର ଉଚ୍ଚାରଣ ।।

ଈର୍ଷାଭରା ଆଖି ନେଇ
ସେ କଡ଼ିକୁ ଦେଖିଗଲେ
ଆଉ ଏକ ବେଦନାର କ୍ରସ୍
କଂଟାର ମୁକୁଟ
କାଠର କୋକେଇ, ମାଟିର କୀଟାଣୁ
ବିଦ୍ରୂପର ହସ ହାଣି
"କଳି ନୁହେଁ, କଳି ନୁହେଁ
ଖାଲି ଧୂଳି, କୃମିକୀଟ ଅଣୁ"।

ଜୀବନ

ଚଉଦ ବର୍ଷର ସୁନାନାକୀ ଝିଅଟିର
ଶଂଖ-ଶୁଭ୍ର ଲାଜୁରା ମୁହଁରେ
ପେଂଥାଏ ସଜଫୁଟା ମଲ୍ଲିଫୁଲ ହସ
କେଇଟି ସ୍ମୃତିର ଛାପ, ଅନେକ ଅଫୁଟା ଆଶା
ଅଧା ବଂଦ ସର୍ବତ-ଆଖିରେ ସପନ-ଆହ୍ୱାନ॥

ସେ ହସିଲା ମୋ ପାଇଁ
ହସ ଖିଲି ଖିଲି
ହସ ତଳେ ହଠାତ୍ ଦେଖିଲି ମୁଇଁ
ଛାମୁଦାଂତ ତା'ର ଗୋଟେ ନାଇଁ॥

ଆଖିରେ ଭରିଲା ଲୁହ
ହୃଦୟେ ମୋ ବିକଳ ବାହୁନା
କଅଣ ହଜେଇ ବସି
ହଠାତ୍ ମୁଁ ହେଲି ଆନମନା;
ତା' ହସର ଜୁଆରରେ ନ ବୁଡୁଣୁ
ନିଜକୁ ହଜାଇ
ମୁଁ ପଡ଼ିଛି ବାଲୁଚରେ
କାହିଁ ହାୟ ସମୁଦ୍ର ଓଢ଼ଣା॥

ମୃତ୍ୟୁ

ରାମ ନାମ ସତ୍ୟ ହେ
ଗୀର୍ଜା ଘଂଟା, ମଧ୍ୟରାତ୍ରି
'ଆମେନ୍ ଆମେନ୍'
ପଥରରେ କେଇପଟ ଭଂଗା ପାଣିକାଚ
ସୀମଂତରୁ ଲିଭିଲା ସିଂଦୂର
ତିକ୍ତ ଖିଆ, କ୍ଷୀଣ ଦୀପ, ଖଇ ଆଉ ଲିଆ
ମଶାଣିର ସିଆଁ କଂଥା
ଭଂଗା ହାଂଡି କୁଲା ବାଉଁଶିଆ ।।

ସାତ ବରଷର ଅମୁ
କାଲି ଦେଇଛି ମୁଖାଗ୍ନି
ଆଜି ତା' ଆଖି ଲୁହରେ
ଶୀତଳାଏ ରୁଇ
ସବୁ ତମପାଇଁ

କିଂତୁ ତମେ ଗର୍ବିତ ହୁଅନି
ଗୋଟିଏ ଝରା ପତ୍ର ବି ପତନର ତା ଗତିଛଂଦରେ
ତୁମର ରୂପ ଓ ରେଖ
ସବୁ କିଛି ଅବିକଳ ଆଂକି ଦେଇପାରେ ।।

ଯାତ୍ରା ଓ ସମୟ

ଆଖିରେ କୋଇଲା ଗୁଂଡି, ଭିଡ଼ାଭିଡ଼ି, ନାନା ଦେହଗଂଧ
ଝଣଝଣ କାଚ ଝର୍କା, କାଠ ଆଉ ଲୁହା ବାଡ଼,
ଟ୍ରେନର ରେଲିଂ କାଟେ ସ୍କୁଲ ଓ ପେନ୍‌ସିଲ ଧରି
ଆକାଶର ନେଳି କାଗଜରେ ଯେତେ ବେଦନା-ଆଷାଢ଼
କେତେ ଜାତି ହସ୍ତାକ୍ଷର ସମାନ୍ତର ରେଖା
କାଳି ଇଡ଼ି ନେସି ହେଲା କେତେ ସ୍ୱପ୍ନ-ଲେଖା ॥

ଅଣନିଃଶ୍ୱାସୀ ସମୟ
ନେଉଳିଆ ଭାଇ
ଠିକ୍ ଆମ ରାସ୍ତା କରେ
ଗଛ ବୃଛ ପାହାଡ଼ ଓ ନଈ ଡେଇଁ ଅଥୟ ମନରେ
ଲକ୍ଷ୍ୟହୀନ ପଥେ
ଆଗେଇ ଆଗେଇ ଯାଏ ତା' ରୁକୁଣା ରଥେ ॥

ବଂକାତେଢ଼ା ଅକ୍ଷରର ବିଚିତ୍ର ହରଫ
ମୁହୂର୍ତ୍ତର ଆବର୍ତ୍ତନେ ସବୁ ଘୂରେ
ସାମନାର କିଛି କଂଟ୍ରାକ୍ଟର ଟଂକା,
ଦାମା ତଂତୀ ମଇଳା ବୁଜୁଳା ଥଳି
ଅସହାୟ ଅଂଧ ଭିକାରୀର ସ୍ୱର
ଯେତେ ଭୟ, ଯେତେ ଭ୍ରାଂତି
ଯେତେ ସ୍ୱପ୍ନ ଯେତେ ବା ଆଂଶକା
ଶଂକରର ମାୟାବାଦ, ବୁଟଭଜା, ମୁଢ଼ି ମୁଆଁ
ହାତକଟା ତଇଳର ପ୍ରସିଦ୍ଧି ଓ ସିଧା ବଂକା କଥା ॥

ସେ ଏକ ମୁହୂର୍ତ୍ତ (ଅବା ଅନେକ ମୁହୂର୍ତ୍ତ)
ଯେମିତି ଏ ସଂଧ୍ୟାର ପରିଧି ଘେରି
ଦୃଶ୍ୟପଟ ଅନେକ ବଦଳେ

ଯଦିଓ ଏ ଟ୍ରେନ୍ ନିଏ ସ୍ଥବିର ଅଚଳ ପଂଗୁ ଦେହ ମନ
ଏକ ନଈଘାଟୁ ବାହି ଅଜ୍ଞେୟର ଦୂର ଉପକୂଳେ
ଯେଉଁଥିରେ ଏଇଛୁଣି ଫୁଟି ହସେ
ଗୋଧୂଳିର ପ୍ରଶାଂତ ଆକାଶ
ଯୋଜନ ଯୋଜନ ବ୍ୟାପୀ ଉଲୁସିଆ ଧାନକ୍ଷେତ
ବାଲୁଚର, ଅସଂଖ୍ୟ ବଂଧା ମାଇଲ୍ ତୀକ୍ଷ୍ଣ ଶଂଖଚିଲ
ଖମାର ଓ କ୍ଲବଘର, ନଈପଠା, ଗୋରୁପଲ, ସପୁରୀ ବଗିଚା
କାଖରେ ବସ୍ତାନି ଜାକି ସ୍କୁଲ ପିଲା
ଅରମାରେ ଶ୍ୱାସରୁଦ୍ଧ ଭଂଗା ଡିହ,
ବିଲାତି ଦଳର ଭିଡ଼େ, ମୃତ ଏକ ଝିଲ ॥

ସେ ସବୁ ଆମର-
ସେ ମୁହୂର୍ତ୍ତ ଲୁହ ଦେଉ ଆଖି କଣେ
ଅବା ଦେଉ ଅନିଦ୍ରାରେ ଆଖି ଲାଲ, ବିରକ୍ତି, ବିଭ୍ରାଂତି
ପଡ଼ୋଶୀ ଯାତ୍ରୀର ପରେ ଯେତେ ରାଗ
(କାରଣ ସେ ପୂରାସିଟ୍ ମାଡ଼ିବସି ନିଶ୍ଚିଂତରେ ଘୁଂଗୁଡ଼ି ମାରୁଛି ।)
ଲକ୍ଷ୍ୟହୀନ ଯେତେ ଯାତ୍ରା, ଅଂତହୀନ ଗତି ଆଉ ଗତି-
ନମାଜ ଓ ଗୀତାପାଠ, ବେଶ୍ୟାପଡ଼ା, ପିଂଗଳାର ରାତି ॥

ବାକୀ 'ଯା' ରହିଲା 'କାଳ' ତା' ବାହାରେ-
ଯେ ଆପଣା ସପନରେ ମଗ୍ନ
ଲକ୍ଷ ତାରା ନୀହାରିକା ଅଗଣାରେ ଶୋଇ ରହି
ଯିଏ ହାଇ ମାରେ
ଅୟୁତ ସୂର୍ଯ୍ୟର ଦୀପ ନିଇତି ନିଭେଇ ଯିଏ
ଅକଳନ ସୂର୍ଯ୍ୟଦୀପ ପ୍ରତିଦିନ ବତି ସଜ କରେ
ସେ ନୁହେଁ ଆମର
ଆମେ ଯିଏ ଅଥୟ ପ୍ରେତର ପରି
ପଡ଼ି ଉଠି ଧାଉଁ ଏଠି ଜନମୁଁ ଜନମ
ପାରି ହୋଇ ସିଂକୁଦା ଓ ଚିରିଗୁଣୀ

କୋକେଇ ବାଉଁଶ ଯେତେ, ଛିଡ଼ା କଂଥା
ତୁଷାର ଓ ହିମ ।।

ଯଦିଓ ତା' କ୍ଷୀଣ ଛାଇ ବେଳେ ବେଳେ
ଉଂକିମାରେ
ଖବରକାଗଜ, ବହି, ମାଗାଜିନ, ଟଂକିକିଆ ମିଲ୍
ଆଉ ରାତିର ଅନିଦ୍ରା ଡେଇଁ
ମନ ଆଇନାରେ ।।

ତା'ପରେ ଯାତ୍ରିକ ଦଳ
ଭୟରେ କାକୁସ୍ତ ଖାଲି
ଝରାପତ୍ର ପରି ଥରଥର
ରକ୍ତହୀନ, ମାଂସହୀନ ମୁଖ ଦିଶେ ମୁଖା
ଡାକ ଶୁଭେ ହେ ସାରଥି, ହେ ଶ୍ରୀକୃଷ୍ଣ କେଣେ ଗଲ
ଆହେ ପ୍ରାଣସଖା
ଚକର ଘର୍ଘର ତଳେ ଯଦି ଶୁଭେ ଅଚାନକ
ଅଣାକାର ଅଶବ୍ଦ ସେ ଶବ୍ଦର କୁହାଟ
ଆକାଶର ନୀଳିମାରେ ଅବନା ଅକ୍ଷର ତା'ର
ଯଦି ନାଚେ ଶେଷହୀନ ନାଟ ।।

ଅଭିମନ୍ୟୁ

ଏଣିକି ମୁଁ ନିଶ୍ଚିତଂରେ ଆଖି ବୁଜି ନିଶ୍ୱାସ ମାରିବି ॥

ମୋର ଆଉ ଭୟ ନାହିଁ ମୋତେ ହେରି
ବ୍ୟାଧର ଜାଲରେ, ମୋ ଘରଣୀ ଡହଳ ବିକଳ ହୋଇ
ଝରାପତ୍ରଟିଏ ପରି ଗଛଡାଳୁ
ଝରିଯିବ ଜାଲର ମଝିକୁ
ମୋ ଥଂଟରେ ଥଂଟ ଯୋଡ଼ିବାକୁ ॥

ମୁଁ ବି ଏତେ ବେକୁବ୍ ନୁହେଁ ଯେ
ମନରେ ଆଶା ପୋଷିବି ଯେତେ ଏଇ ଜାଲରେ ଚଢ଼େଇ
ସମସ୍ତେ ଜାଲ କାମୁଡ଼ି ହଠାତ୍ ଆକାଶ ମାର୍ଗେ ଉଡ଼ିଯିବେ
(ମୁଁ ତ କିଛି ବୟୋବୃଦ୍ଧ ମାନନୀୟ ବିଜ୍ଞ ବ୍ୟକ୍ତି ନୁହଁ
ମୋ କଥା ଅନ୍ୟ ସମସ୍ତେ ମାନି ନେବେ ?)

ତା'ଛଡ଼ା ଆକାଶ ଆଉ ପବନରେ
ଏଠି ଏବେ ସୋରିଷ ଫିଂଗିବାକୁ ଜାଗା ନାଇଁ
ଯାବତ ଛିଂଡା, ଗଇଁଠା, ତାଳିପକା ଓ ଦୋସିଆଁ
ବସ୍ତୁ, ନାମ, ଧାରଣାରେ
ଡହ ଡହ ଆକାଂକ୍ଷାରେ
ଦରନିଭା ଆଶା ଆଉ ଦରପୋଡ଼ା ସ୍ମୃତିର ସଂଭାରେ
ଶ୍ୱାସରୁଦ୍ଧ, ମୃତ ଏ ଇଲାକା
ଯା ଭିତରେ ଡେଣା ତ ଝାଡ଼ି ହେବନି
ଜାଲ ଭଲା କେମିତି ଉଠିବ ?
ହେ ବ୍ୟାଧ ଏଣିକି ତମେ ମୋ ବେକରେ
ମୋ ଡେଣାରେ ହାତରଖି ଯାହା ଇଚ୍ଛା ତାହା କରିପାର ॥

ଏ ଜାଲରେ ସବୁ ରାସ୍ତା, ସମସ୍ତ ମାଇଲଖୁଣ୍ଟି
ମୁଁ ଫେରୁଛି ଘୂରି ସାରି ଗଳି କଂଦି ଓ ବିକଂଦି
ସବୁ ବଣ ପାହାଡ଼ ଓ ଘର
ଅଂଧାରରେ ଡରି କେବେ ଗୀତ ବୋଲି ଦଂଭ ଦେଇ ଆପଣାକୁ
ପଡିଆରା ଥାଳ ନେଇ ଫେର୍ ମୁଁ ଚାଲିଛି;
କେତେବେଳେ ହୁଏତ ବି ଫେରିଥିଲି ଏ ରାସ୍ତାରେ
ଅବା କେଉଁ ଦୋସରା ରାସ୍ତାରେ
ଅନ୍ୟର ଚେତନା ଆଉ ନିଦ୍ରାର ସୀମାରେଖାରୁ
ଟିପି ନେଇ କେତୋଟି ନିର୍ଦ୍ଦେଶ
ତେଲିସାଇ ଛକ କିଂବା ନଈକୂଳ ଶ୍ମଶାନ୍
ବାଂକଟାରେ, ରାସ୍ତା ମୋଡ଼େ ହଠାତ୍
ହାବୁଡ଼ି କେବେ ଆପଣାକୁ, ଆପଣା ଭୂତକୁ
ଉଡ଼ିଯାଇ ତା' ନିଶ୍ୱାସ ତୀବ୍ର ଝଡ଼େ
ଚିରିଯାଇ କାନକୋଳି ଗିଲିକଂଟା ଭୟରେ ଜାବୁଡ଼ି ।।

ସେଥିପାଇଁ ମୁଁ ମାଗିନି ମୁହୂର୍ତ୍ତଟେ
ଯାହା ହେବ ପୂରାପୂରି ମୋର ଆପଣାର
ରାସ୍ତା ଖାଲି ସମୟର ଭିନ୍ନ ନାମ
ଦିନ ରାତି ସକାଳ ଓ ସଂଜ ଖାଲି
ରାସ୍ତାର ବିଭିନ୍ନ ଖୁଂଟି, ବାଂକ, ମୋଡ଼;
ତା' ଛଡ଼ା ସମୟ ଆହା ରାସ୍ତାର ଭିକାରୀ
ନିଜର ଟିଣ ଓ ଅଖା ଭିକ୍ଷା ଥାଳ ଧରି
ପଂଗୁ ହୋଇ ବସିଥାଏ ଗଛ ଛାଇ ଉଂଡି ।।

ମତେ କିଏ ଏଡ଼େ ବଡ଼ ଦାନ ଦେବ
ଅସଂଲଗ୍ନ ଓ ନିରୋଳା ଗୋଟିଏ ମୁହୂର୍ତ୍ତ
ସେମିତି ମୁହୂର୍ତ୍ତ କେବେ ଏଠି କି ସଂଭବ
ଏଠିକାର ପ୍ରତିଟି ମୁହୂର୍ତ୍ତ
ଛାଇ ପରେ ଛାଇ ଖାଲି ନେସିନାସି,

ଘଂଟା ଓ ମିନିଟ୍ ଖାଲି ଗୁରୁଆ ତୁରିଆ
ଯୋଡ଼ିଯାଡ଼ି କଦାକାର କାଲି ଓ ପହରିଦିନ
ଓ ତା' ଆଗେ ଓ ତା' ପଛେ
କେତେ ଆଶା, କେତେ ଆକାଂକ୍ଷାକୁ ।।

ଏ ଜାଲରେ ସବୁ ରାସ୍ତା, ରାସ୍ତାମାନେ ଖାଲି ପ୍ରତିଧ୍ୱନି
ଏ ବିଭିନ୍ନ ରାସ୍ତା ମୋର
ପଦଧ୍ୱନି, ପ୍ରତିଧ୍ୱନି ମୋର
ଏଠି ଗୁଂଜରିତ ହୁଏ ଜୀବନର ବହୁ ଭିନ୍ନ ସ୍ୱର
ବିଭିନ୍ନ ପୃଥିବୀ ଆଉ ବିଭିନ୍ନ ସମୁଦ୍ର
ପଂକରେ ଲୁହ ଓଠରେ ପ୍ରାର୍ଥନାରେ ହାତଯୋଡ଼
ପାପୁଲିରେ ମୁହଁ ଜାକି
ଯେତେ ତୃଷ୍ଣା ଚେରର ଅଂଧାର ।।

କେମିତି ଓ କେବେ ଆସି ଏଠି ମୁଁ ପଂହଚିଥିଲି
ସେ'ଟା ବଡ଼ ପ୍ରଶ୍ନ ନୁହେଁ । ଏ ଖାଲି ଅୟମାରଂଭ
ସବୁତକ ଗଲାକାଲି, ସବୁତକ ଆସଂତା ସମୟ

ଏଠି ଖାଲି ହାଉଜାଉ । ସବୁଠାରୁ ବଡ଼ କଥା
ଏ ଆଶ୍ଚର୍ଯ୍ୟ ଲ୍ୟାଂଡ୍‌ସ୍କେପ୍ ଉପରେ ଯିବାକୁ ହେବ
ମତେ ଖାଲି ଘୁଷୁରି ଘୁଷୁରି ।।

ସୋର ଶବ୍ଦ ଟିକେ ନାହିଁ, ଘର ସବୁ ଶୂନ୍‌ଶାନ୍
କାଂଥ ଆଉ ଫାଟକରେ ଜାଗା ଆଉ ନାଁ ଗାଁ
ଅଜଣା ଭାଷାରେ
କୌଣସି ଘରେ ପଶିଲେ ବାହାରିବା ରାସ୍ତା ନାହିଁ ।।

ଗୋଟିଏ କୋଠରୀ ଖୋଲେ ଆଉ ଗୋଟେ
ଏକାଭଳି କୋଠରୀକୁ

ସେ କୋଠରୀ ଆଉ ଗୋଟେ ଏକାଭଳି କୋଠରୀକୁ
ସେ କୋଠରୀ ଆଉ ଗୋଟେ...
କୋଠରୀ ପରେ କୋଠରୀ ଶୂନ୍‌ଶାନ୍
ଦରି, ବେଂଚ, ଚୌକି ସବୁ ଚୁପ୍‌ଚାପ୍ ବସିଛଂତି
ଭରସା ରହିଛି କାଳେ କିଏ ଆସି ପହଂଚିବ
ଅଚାନକ ସଂଧ୍ୟା ହେଇଗଲେ ।।

ପକ୍ଷୀର ଏକେଲା ରାସ୍ତା ଆକାଶରେ କିଏ ମନେ ରଖେ ?
କିଏ ଜାଣେ ସେ ରାସ୍ତାଟି ଲେଉଟାଣି ସଂଗୀତର ବେଦନା
ବା ଯାତ୍ରାପଥ ମଂଗଳ ମହୁରୀ
ତା'ର କିଛି ଗ୍ରାଫ୍ ନାଇଁ ଅକ୍ଷାଂଶ ଦ୍ରାଘିମା ନାଇଁ
ସ୍ୱରଲିପି ବର୍ଣ୍ଣମାଳା ନାଇଁ
ସମୁଦ୍ରର ମାଛ ଯାଏ ତରଂଗର ପାହାଚ ପାହାଚ ଡେଇଁ
ସମୁଦ୍ରର ଜାଲ ସିଏ କ'ଣ ଜାଣେ
ସେ ରାସ୍ତାର ଖବର କେ ରଖେ ? ।।

ଆକାଶ ଓ ସମୁଦ୍ରରେ ସେ ପଥ ହୁଏନି କେବେ
ଲିପିବଦ୍ଧ ଅଗ୍ନିର ରେଖାରେ;
ଆଶା ଅବା ନିରାଶାର ବନାନ୍ ପଦ୍ଧତି ଅବା ସ୍ୱରଲିପି
ରାସ୍ତାର ପରିଚୟରେ କିଛି କେବେ ଉକୁଟେନି
ଶୂନ୍ୟତାରେ ସିଏ ମିଶେ ଧାରଣାରେ କେବେ ଜଳିଉଠି ।।

ତେଣୁ ଆଜି ମୁଁ ନିଶ୍ଚିଂତ
ମୋ ଆଂଗୁଠି ଚକ୍ ହେବ, ହାଡ଼ ହେବ ଡଂବାପଟା
ଚମ ଭୁର୍ଜପତ୍ର
ସେଥିରେ ଯା' ଲେଖା ହେବ ତମେ କେହି
ବୁଝି ପାରିବନି ବାଟି ଖୋଜି ଘାରି ହେଇ
ତମେ ବି ଆଖି ବୁଜିବ ଜାଲର ଗୋଟିଏ କଣେ

ନିଦର ମହାସମୁଦ୍ର ମଝିଟାରେ
ଥଂଟରେ ମିଛେ ନ ଖୋଳି ବିରକ୍ତିର ରେଖା ।।

ତେଣୁ ଆଜି ମୁଁ ନିଶ୍ଚିଂତ
ଡେଇଁ ଆସି ନିଜ ରାସ୍ତା, ନିଜ ବେଳ
ନିଜ ସ୍ୱପ୍ନ ଖୋଜିବାର ପିଲାଳିଆ ମୋହ
ଏ ଜାଲ ଚିରାୟୁ ହେଉ, ଏଇ ମାୟା,
ସତତ ଅକ୍ଷତ ରହୁ ବ୍ୟାଧ ତୁମ ବ୍ୟୂହ ।।

ଛାଇ

ସେଇ ଫିକା ଇଟାରଂଗ,
ଫିକା ଗେରୁଆର ଭଂଗା ମାଟିପାତ୍ର
ଧାରଣାରୁ ରୂପ, ଶବ୍ଦ
ଓ ତା'ପରେ ଶୂନ୍ୟତାର ଛୋଟ ମାନଚିତ୍ର ।।

ଆଜି ଆଉ କମକରା ଫଂଦ ନାଇଁ
ଧରିବାର ଢେଂଫ ନାଇଁ
ସୁଶୀତଳ ପୂର୍ଣ୍ଣଗର୍ଭ ନାଇଁ,
କେତେଟା ଯାଇଛି ଫେରି
ନାମହୀନ କ୍ଷୀଣ ଛାଇ ପରି
ସମୟର ବିଷଣ୍ଣ ପଥର ମୋଡ଼େ ନିଜ ମୂଳ ଖୋଜି,
ଯାହା ଅଛି ଆକାର ଓ ଆୟତନ
ଅରୂପ ଓ ଅଣାକାର ସମ୍ମୋହନ ବଂଶୀ ତାକୁ ଡାକେ ।।

ମହେଂଜୋଦାରୋର କେବେ ଶେଷ ସଂଧ୍ୟା
ଆଜି ଏଠି ପ୍ରତ୍ନତତ୍ତ୍ୱାଗାର
ଦର୍ଶକର ଭିଡ଼ ଯେତେ, ମେଘମୁକ୍ତ, ଅର୍ଥାନ୍ୱେଷୀ
ଆଖି ଆଉ ମନ
ଭଂଗା ଖପରାର ଦାଢ଼େ କାଳଜୟୀ ହସ ହସି
ଉଭା ମହାମୃତ୍ୟୁ
ଭଗ୍ନାଂଶର ଏଇ ସ୍ତବ୍ଧ କ୍ଷଣ ।।

କେ ପିଇଲା ସୋମରସ
କେବା ଦେଲା ସେ ପାତ୍ରରେ ଆଂବଡାଳ
ନାରିକେଳ, ଚଂଦନର ପ୍ରାଣମୟୀ ସ୍ତୋତ୍ର

ସବୁ ନେସି ହେଇ ରହେ ଛାଇ ପରେ ଛାଇ ପରି
ଗହଳ ସମୟ ସେଇ ଦାଢ଼େ ଦାଢ଼େ ହଠାତ୍ ଚହଲେ
ଶୀତଳ ଜଳ ଆଟିକା କାହାର ପାଥେୟ ସିଏ ମୃତ୍ୟୁ ପରେ
ଥିଲା ସିନା, ଆଜି ତା'ର ନିଜ ମୃତ୍ୟୁ ଶେଷେ
ସମୟର ଭଂଗା ଛାଇ ନିସ୍ତରଂଗ ମୁହୂର୍ତ୍ତର ହ୍ରଦରେ ଦୋହଲେ ॥

ପାଗଳ-ଗାରଦ

ଏକ

ଏଠି ମାପିବା ସହଜ କେତେ ରାସ୍ତା ଆଖିର-
 କଳାଡୋଳାରୁ
ସାମନାର ମଲ୍ଲୀ ଗଛ, ପାଣି ଟବ୍, ପଥର କାଂଥକୁ,
ଏଠି ମାପିବା ସହଜ କାନଠାରୁ କେତେ ରାସ୍ତା
ରୁଣୁଝୁଣୁ ପାଣିକାଚ ଆଉ କୋଠରୀର
ଲୋମକୂପଠାରୁ ରାସ୍ତା କେଉଁଆଡ଼େ, ମହାଶୂନ୍ୟତାରେ
କେତେଦୂର ମାଟି ଓ ବରଷା ଗଂଧ
 ଦୂବଘାସର ଚାଦର
ଯେଉଁଠାରେ ଚଉତରା ଆଂବଗଛ ଭାଂଗୁଛି ବଉଳ॥

ଏଠି ବି ଭାରି ସହଜ ଜାଣିବାକୁ ସେ ରାସ୍ତାର
ସମସ୍ତ ମାଇଲଖୁଂଟି, ପଥଶ୍ରମ, କଂଟା ଆଉ ଲୁହ
(ସେଇ ରାସ୍ତା ଯାହା ହାଇମାରି ଶୁଏ ପାତଳ ଖରାରେ
ଲଂବି ରହି ନିଜଠାରୁ ଅଜଣା କେଂଦ୍ରକୁ ଏବଂ
ଯାହା ସମୟଭେଦରେ କେବେ ମନେହୁଏ
ଖାଲି ଗୋଟେ ଧାରଣା ଓ ପତିଆରା; ଆଉ କେବେ
ତା' ହେଂଟାଳ ଦୂରୁ ଶୁଭେ, କାନରେ ଅତଡ଼ା)
କେତେ ବାଲି, କେତେ ତାତି ସେ ରାସ୍ତାରେ,
କେତେ ହସ-ଘାସଫୁଲ, ଆଉ କେତେ କୋହ॥

ଟ୍ରାଫିକ ପୋଲିସ୍ ନାହିଁ, ଭିଡ଼ ନାହିଁ,
 ବିପଣୀବୀଥିକା ନାହିଁ
ଶୂନ୍‌ଶାନ୍ ଖାଁ ଖାଁ ରାସ୍ତାର ବାଟୋଇ
ସେଠାରେ ଏ ପାଣି ଟବ୍, ମଲ୍ଲୀଗଛ, ରୁଣୁଝୁଣୁ

ପାଣିକାଚ
ସତେ କି ବାହାରେ ନାହିଁ, ଗଂଭୀରା ଭିତରେ
ଜଳେ ଦପ୍‌ଦପ୍
ସ୍ନାୟୁ ଶିରା ଧମନୀରେ ନାଚେ ଥେଇ ଥେଇ ।।

ଦୁଇ

ଶ୍ରୀଯୁକ୍ତ ରିଚାର୍ଡ଼୍ ଦତ୍ତ ତେଣୁ ନିହାତି ନିଶ୍ଚିତ
ଯେ ସେ ନିଜେ କୃଷ୍ଣ ଓ ଅର୍ଜୁନ;
ସେ ତେଣୁ ଝରକା ରେଲିଂ ବାଡ଼ା ଧରି
ଭେଁ ଭେଁ ଡକାପାରି
ନେଲିଆ ଆକାଶ ଆଉ ଏକେଲା ଚଢ଼େଇ ଆଗେ
ବଖାଣିଲେ
ଦେଖ ବାବୁ ତମେ ଦିହେଁ ଜଳଜଳ ଦେଖୁଛ ତ ସାଥୀ
କହ ଭଲା ମୁଇଁ କେବେ ସେ ବିଚାରା
ନ' ବର୍ଷର ଲୁସିଟାକୁ ନିଷିଦ୍ଧ ଯୌନ ଲୋଭରେ
ମାରିପାରେ ?
ମୁଁ ତ ଜାଣ ସେତେବେଳେ ମୋ ଆପଣା
ରଥର ସାରଥି ।।

ବାକୀ ଇବ୍ରାହିମ ସେଠୀ
ଶିଉଳି ନେସା କାଂଥରେ ଜିଭ ଚାଟି
ଚୁଚୁମିଲେ ବର୍ଷୁକ ବଉଦ ।
ଆର ବର୍ଷ ଖାଇଥିଲେ ଆଉ କ'ଣ ଭୋକ ଅଛି ? ?
ଏବଂ ତାଂକ ମାଆ ଯେଣୁ ବଂଚିଛଂତି
ସେ କିପରି ମରିଗଲେ ଲୋକେ କହୁଛଂତି ? ?
ଏବଂ ତାଂକ ହାଡ଼, ମାଂସ ଭୋକିଲା କୁଷ୍ଠୀଂକ ପାଇଁ
କିପରି ବା ହେଇଗଲା ଚାଉଳ ଓ ଖୁଦ ?
ସେ ବୁଝି ପାରଂତି ନାହିଁ ।।

ଆଉ ପଂଚାନନ ଅଲି
କହିଲେ ସ୍ୱପ୍ନ ଦେଖିଲି
ଦରଓ୍ୱାଜା ଆରପଟେ କାନପାରି ଛକିଥିଲେ
ପାଂଚଟି ଇଂଦ୍ରିୟ; କୋଠରୀରୁ ବାହାରି
ମୋ ଅଂଧାରକଣା ଆତ୍ମାଟି
ଝୁଂଟି ପଡ଼ିଗଲା ହାୟ ତାଂକରି ଉପରେ
ବାଟ ଖୋଜି ଅଂଧାରରେ, ମାଂସ ଆଉ
ହାଡ଼ ମାଛ ଅଂଡାଳି ଅଂଡାଳି
ଫେରିଆସିଲା ଚଢ଼େଇ ତା' ବସାକୁ
ଖଂଡି ଖଂଡି ଏଇ ଛାତି ପିଂଜରାର ତଳେ ॥

ତିନି

ଏଠି ମାପିବା ସହଜ କେତେ ରାସ୍ତା
ଷଠୀଦୁଛେଇଁକ ଘରୁ ଭଂଗା ହାଂଡି, ଶାଗୁଣା ଓ
ଶୂନ୍ୟ ମଶାଣିକି
ଏଠି ମାପିବା ସହଜ କେତେ ଦୂର
ବୈକୁଂଠରୁ ପାତାଳପୁରୀକୁ ॥

ଭଂଗା ହାଂଡି, ଶାଗୁଣା ଓ ସେ ଶୂନ୍ୟତା,
'କେହି ନାହିଁ' କେହି ନାହିଁର ରାଗିଣୀ
ବୈକୁଂଠ ଓ ସେ ପାଗଳପୁର
ପାଣି ଟବ୍, ମଲ୍ଲୀଗଛ, ରୁଣୁଝୁଣୁ ପାଣିକାଚ
ଏ ସବୁ ଏଠି ବା ସେଠି ଆଜି ନାହିଁ
କେବେ ବି ନ ଥିଲା;
ସବୁଦିନ ସେମାନେ ଭିତରେ ଥିଲେ
କେବେ ହସି ଖିଲିଖିଲି, କେବେ କାଂଦି କଇଁ କଇଁ
ମହା ଅଝଟିଆ ସତେ ସେ ଅବୁଝା ପିଲା ॥

କୁହୁଡ଼ି

ଏକ

ସକାଳେ ସମୁଦ୍ର ଥିଲା ।
ସମୁଦ୍ରର ଢେଉମାନେ ସବୁ ଏକାକାର କରି
ଦଶଗଜ ଦୂରତାରେ ହାତଟେକି ମୋତେ ଡାକୁଥିଲେ,
ମଂତ୍ରପଢ଼ି ଫେରସ୍ତ ବି କରୁଥିଲେ
ମୋ ଦୂବ, ଚାଉଳ ଆଉ ଗେଂଡୁଫୁଲ, ଗୁଆ, ପଇଡ଼କୁ
ଯାହା ଦେଇ ଭାବିଥିଲି ମୃତ୍ୟୁ ଆଗୁଁ ଋଣମୁକ୍ତ ହେବି
ସମୁଦ୍ରର ବଗିଚାରେ ଛନ ଛନ ଲଂକା ଗଛ ହୋଇ ।।

ମୁଁ ବେଚରା ବଗିଚାରେ ଖୁଂଟୁଥିଲି କଅଁଳିଆ ଦିନଟିର ପଟାଳିରୁ
କେତୋଟି ପ୍ରତ୍ୟୟ ଆଉ ଭରସାର ଆଶ୍ୱାସନା
ଆଗରେ ସମସ୍ତ ଦିନ ଓ ତା'ର ଉଷର ଭୂଇଁ, ବାଲି ପଂତରର
ତା' ଉପ୍ରେ ଜାଣିନି ମୁଁ ଅଚାନକ କେଉଁ ଫୁଲ
ସାବ୍‌ଢା ହାତମୁଠା ଖୋଲି ରଂଗ ଆଉ ଆଲୁଅ ଝାରିଲା ।।

ଡଂଗା ମୋର କେବେ ବି ନ ଥିଲା (ଏମିତି ବି କାଗଜର)
କିପରି ବା' ମୁଁ ଯାଆଂତି ଢେଉ ଡେଇଁ ଡେଇଁ
ଦୟାପରବଶ ହୋଇ ଏ ସମୁଦ୍ର ଯଦି ଆଜି ହାତପାହାଂତାରେ
ହପ୍‌ଷ୍ଟେପ୍ ଜଂପ୍‌ରେ ସ୍କୁଲରେ ପ୍ରଥମ ହେବା ସତ୍ତ୍ୱେ
ଏବଂ ମୋର ପ୍ରଗାଢ଼ ବିଶ୍ୱାସ ସତ୍ତ୍ୱେ
ଯେ ତୁମ କରୁଣା ହେଲେ ପଂଗୁ ମଧ୍ୟ ଲଂଘିଯାଏ ଗିରି ।।

ଜାଣି ନିଶ୍ଚେ ଖୁସି ହେଲି
ଯେ ଏଇ ସମୁଦ୍ର, ଏଇ ମହା ସୌଦାଗର
ମୋ ପରି ସାମାନ୍ୟତମ ଖାତକଂକ ଋଣଭାର

ତା' ଖାତାର ନିର୍ଦ୍ଦିଷ୍ଟ ଫର୍ଦ୍ଦରେ
ନାମ, ଧାମ, ତାରିଖ ସମୟ ଆଉ ସୁଧମୂଳ ହିସାବ ରଖିଛି ଏବଂ
ହଉ ପଛେ ସେଥିପାଇଁ, ମୋ ପରି ଅକିଂଚନକୁ
ମନରେ ଆଣୁଛି ।।

ଏବଂ ଏଇ ମୁହୂର୍ତ୍ତରେ ସମସ୍ତିଂକୁ
ମୋ ପଡ଼ୋଶୀ, କୋଠାବାଡ଼ି, ରାସ୍ତାଘାଟ, ଗଛବୃଛ
ଏକାକାର କରି
ସଭିଂକର କାଗଜରେ ପରିଚିତ ଅଫିସର ସିଲ୍ ପରି
ନିର୍ଦ୍ଦିଷ୍ଟ ମୁହୂର୍ତ୍ତଟିର ମୋହର ମାରିଛି ।।

ଆତ୍ମାର ସଂତାପୁ ତାରି ଶକ୍ତି ସଂଚାରିଛି । ନିଷ୍କରୁଣ ମୁହୂର୍ତ୍ତରେ
କେହି ଆଉ ଭୟରେ ଥରୁନି
ତା' ଢେଉମାନଂକ ପରି କେହି ଆଉ ଏକୁଟିଆ ନୁହେଁ
କାଂଧରେ କାଂଧ ମିଳେଇ ମହାକାଳ ମୁକାବିଲା ପାଇଁ
ବାଲିରେ ଭାଂଗିବା ଆଗୁ ରଣଝର୍ ତରଂଗର ବିଜୟ-ବାହିନୀ ।।

ଦୁଇ

ଏଇନେ ସକାଳ ନାଇଁ
ହାମୁଡ଼େଇ, ହାମୁଡ଼େଇ, ଆକାଶ ନେଳିକୁ କାମୁଡ଼ି
ସୂର୍ଯ୍ୟଦେବ ପାଂଚହାତ ଆଗେଇ ଗଲେଣି,
ଏଇନେ ସମୁଦ୍ର ନାଇଁ କିଏ ଜାଣେ କେବେ ସିଏ ଥିଲା ।
ଗୋଟେ କପ୍ ଚା ଆଉ ଦଶଟି ଖୋଜରେ କିଏ ଜାଣେ
ମୋ ବେଳ ସରିଲା ।।

ଏବେ ତୋଫା ଦିଶିଲାଣି ଯଂତ୍ରଣାର ବିଭିନ୍ନ ପୃଥିବୀ
ବେଦନାରେ ଜୁଡୁସୁଡୁ ସ୍ୱୟଂତ୍ର ଆତ୍ମା ଅନଳେ ଦପ୍‌ଦପ୍ ଜଳେ

ସାମନାର ନାଲି କୋଠା ବାରଂଡାରେ ସେ ଝିଅର ମୁକୁଳା କବରୀ
ଜାମାଯୋଡ଼ କୁଣିଆଂକ ଆଗେ ଆଗେ ଭଂଡାରି ଭାରୁଆ ଦଳ
ଜଳିଲା-ନିଭିଲା ସ୍ମୃତି କାମନା ଓ ଭବିଷ୍ୟତ
ପ୍ରକୃତିର କୁହାଟ ଓ ବିବେକର ଦାରୁଣ ପ୍ରହରୀ ।।

ସବୁ ପୃଥ୍ୱୀ ଅଲଗା ଅଲଗା ପୁଣି
ପରିଣାମ ହେଉ ପଛେ ବତାସରେ ପତ୍ର ପରି
ଭୟରେ ଥରିବା । ବାଲି ଆଉ ପଂକ ଯେତେ ସମୁଦ୍ରର କିନାରାରେ
ତା' ଉପରେ ପାଦ ଚାପି ଯିବା ।।

ତୁମ ଋଣ ବାକୀ ଅଛି, ସୌଦାଗର ମୁଁ କେବେ ଭୁଲିନି
ଛୋଟ ଛୋଟ ମୁହୂର୍ତ୍ତର ମୋ ସଂଚିଲା ସଂପତ୍ତିରେ
ପ୍ରତ୍ୟୟର ସାମାନ୍ୟ ରେଜାରେ
ଭଂଡାରି ମୁଠି ଅଂଜାଳି ଟଂକା ଦୋ'ଟିରେ
ତାକୁ କେବେ ଶୁଝିହୁଏ
ଶୀତ ସକାଳର ଭ୍ରାଂତି, କପେ ଚା' ଦି' ଖୋଜ ବାଟରେ ?
ହିସାବନିକାଶ ପାଇଁ ଏବେ ମୋର ସମୟ ଆସିନି ।।

ଅନ୍ୟ ସମୟ

ସାମ୍ରାଜ୍ୟ

ଖରାର ସାମ୍ରାଜ୍ୟ ବଡ଼ ମୁଂଗେର ଓ ଗୟା ଜିଲାଠାରୁ ।।

ଫାଇଁପାଇଁ ନିଶ୍ୱାସର ଖରସ୍ରୋତ, ଧୂ ଧୂ ଖୁରାର ଧୂଳିରେ
ଅସଂଖ୍ୟ କରଦ ରାଜ୍ୟ ସୀମାରେଖା ପୋଛିଦିଏ ଯଜ୍ଞ ଅଶ୍ୱ ତା'ର
କାଳସମ ଉଦାସୀନ ଛୋଟ ଝିଅ ପୋଛିଦିଏ
ଅତି ଯତନରେ ଲେଖା ସିଲଟେ ଅକ୍ଷର ।।

ଆଖିପାଏନି ସମୁଦ୍ର, ଛାଇ ନାଚେ ଅପଂତରା ଗହୀରି ବିଲରେ
ଏଠି ଗାଁ । ଚିତ୍ର ପ୍ରତିମାଟି ଆହା ନରଖର
ମୁଂଡପୋତି ପଡ଼ିଛି ନିଦେଇ
କେଉଁଠି ଦୂରରେ ଶୁଭେ ଅପରାହ୍ଣ ପିଟୁଛି ଧେଂଡୁରା
ଉତୁରି ପଡ଼େ ଉତ୍ତାପ, କୁହୁଡ଼ି ଓ ଦୂର ମରୀଚିକା
ଚାଟଶାଳୀ, ରାସ୍ତା, ଘର ସତେ ଅବା ଥରୁଛଂତି ଅଥାନରେ
ଭୁଲରେ ପହଂଚିଯାଇ ଶତ୍ରୁରାଜ୍ୟେ ଆସି ଏକା ଏକା ।।

ଏଠି ଏକମାତ୍ର ବେଳା ଅପରାହ୍ଣ । ନିଃସ୍ୱ ଦିନଟିଏ
ଘୁଷୁରି ଘୁଷୁରି ଯାଏ ଛଂଦି ହୋଇ ଗୋରୁହାଡ଼, ଭଂଗା କାଂଥ
ଶୁଖିଲା ପୋଖରୀ ଆଉ ପଦ୍ମନାଡ଼, ପୋଡ଼ା ହିଡ଼ବାଡ଼
ମଳାସ୍ୱପ୍ନ ଓ କଂକାଳ ଗହଳିର ଧରିତ୍ରୀ ଛାତିରେ ।।

ତା'ପରେ ନୀରବରେ ଡେଇଁପଡ଼େ ଥୁଂଟାଗଛ
ଡାଳଟିରୁ ଆକାଶ କୋଳକୁ
ମୁହୂର୍ତକେ ସବୁ ହୁଏ ଶୂନ୍‌ଶାନ୍ ଅଂଧାରର ସପ୍ତସିଂଧୁ ଘୋଟେ
ଆଉ କେବେ ମହୁରଂଗ ଜହ୍ନ ଉଏଁ । ରଣିପୁଲ ରାତି

ଗାଁରୁ ଗାଁକୁ ଯାଏ କ'ଣ ଖୋଜି? କିଂତୁ ଅପରାହ୍ଣ
ବଜାଉଥାଏ ବିଗୁଲ୍ ପରି ଘୋଷି ଅଖଂଡ ରାଜୁତି ॥

କି ସୁଂଦର ଜହ୍ନରାତି ଅଥଚ ଅଘୋରି ପ୍ରାଣୀ !
କି କରମ ଜନ୍ମରୁ ନିଶାଖା । କିଆରିରେ ପାଣି ବୁଂଦେ ପାଇଁ
ରାସ୍ତାକଡ଼େ, ଗଛମୂଳେ ନିଦ ଓ ଭୀଷଣ ସ୍ୱପ୍ନ ଜହ୍ନ-ଚଂଦନରେ
ବୋଳି ହୋଇ ଓ ପାଖରେ କୋଦାଳ ଓ ମିଂଜି ମିଂଜି ଲଂଠନ ଆଲୁଅ
ଆଉ କେବେ ମଲାଧାନ ଗଛମୂଳେ ଦି' ଟୋପା ଡହ ଡହ ଲୁହ ॥

ସ୍ତନ କଳ୍ପଲତା ଫଳ ଶୁଖିଯିବା ପରେ ଏମାନେ ଖୋଜଂତି ବାଟ
ସେଦିନ ସେ ବୁଢ଼ୀ ପରି କାଖରେ ଆସନ୍ନ ମୃତ୍ୟୁ ଜାକିଧରି
ମୁଠାଏ ସୋରିଷ କିଂବା ପଟେ ରୁଟି, ଚଢ଼େଇ ଥଂଟ ସକାଶେ
ଶାମୁକାଏ ଦୁଧପାଇଁ । ହଂତସଂତ, ଦହଗଂଜ ଯେତେ ଅପରାହ୍ଣ
ବୋଧଗୟା, ଲୁଂବିନୀ ଓ କୁଶିନାରା କେଉଁଠି ସେ ଶୀତଳ କରୁଣା
ନକ୍ଷତ୍ରର ରାତି ଯାହା ନିଦ ଦିଏ, ସ୍ୱପ୍ନ ଦିଏ, ମାୟାଭ୍ରମ ଦିଏ
ଛାଇ ଆଉ ଆଲୁଅର ଚକାଭଉଁରୀରେ ଯେବେ ପ୍ରାଣ ବାଟବଣା ॥

ଜହ୍ନ ଆଲୁଅର ମାୟା, ସ୍ୱପ୍ନ ଝୁଲେ ଭିଣାତୂଳା ମେଘର ଧଡ଼ିରେ
(ଇଏ କ'ଣ ତାଂକ ପାଇଁ?) ଗଛ ବୃଛ ଆଉ ଜମିବାଡ଼ି
ବିଲହିଡ଼, କୁହୁଡ଼ି ଓ ମଣିଷର ସିଲୁଏଟ୍ ହଠାତ୍ ଉଭେଇଯାଏ
ଅଂଧାର ଜାଲରେ ଜହ୍ନ ବୁଡ଼ିଗଲା ପରେ,
ପୁଣି ଯେବେ କାଲିର ସକାଳ
ମୁକ୍ତିଦେବ ସେ ଜାଲର ଅଂଧାରରୁ ଆଉ ଥରେ ଜଳିବାକୁ
ସଭିଂକ ଆଗରେ ॥

ଖରାର ସାମ୍ରାଜ୍ୟ ବଡ଼ ମୁଂଗେର ଓ ଗୟା ଜିଲାଠାରୁ
ଖରାର ସାମ୍ରାଜ୍ୟ ବଡ଼ କରୁଣା ଓ ମାୟା ଇଲାକାରୁ ॥

କତିପୟ ମୂର୍ଖଲୋକ

ନାଟମଂଦିର ବାହାରେ ଶୂନ୍ୟର ଛାଇରେ
ଆଶ୍ରା ନେଇ ବଡ଼ପଂଡେ କିଏ ସବୁ କାଂଦୁଥିଲେ ? କ'ଣ ପାଇଁ ?
ଅଂଧାରରେ ଶୁଭୁଥିଲା ନାକ ସଁ ସଁ ଆଉ ଖାଲି କଇଁ କଇଁ
ସେମାନଂକ ଦରଖାସ୍ତ ରଖିଲ ତ ?
ତାଲିକା ତିଆରି ତୁମ ଶେଷ ହେଲା ?
ପଢ଼ିବଟି, କି ଅଦ୍‌ଭୁତ ସମସ୍ତେ ଚାହାଂତି ମୁକ୍ତି
ନିଜର ନିରୋଳା ସ୍ଥାନ, ନିଛାଟିଆ ଦିନର ଜାଲରୁ
ମରୁଡ଼ିର ଶୂନ୍ୟଦେଶ ପାରିହୋଇ
ସବୁଜର ବୈକୁଂଠକୁ ଉତ୍ତରଣ ପାଇଁ
ଯୋଉଠି ଗଛପତର ସବୁଜ ଫୁଲ ଫଳରେ ଭାଂଗିପଡ଼େ
ଯୋଉଠି ଜାହାଜ ଉଡ଼େ ପାଲ ଟାଣି, ବହିଯାଏ କୁଳୁକୁଳ ନଈ ।।

ମହାପ୍ରଭୁ, ଏମାନେ ଆସିଅଛଂତି ଘର ଛାଡ଼ି, ଗାଁ ଛାଡ଼ି
ଏଇ ମୂର୍ଖ ଲୋକମାନେ ସହଜେ ଅଜ୍ଞାନ
ହଜୁରଙ୍କ ପରି କ'ଣ ବସୁଧାକୁ ଘର ବୋଲି ବିଚାରିବେ
ଗୋଟିଏ ଜେଗାରେ ବସି ଗ୍ରହ, ତାରା ନୀହାରିକା ଆଖି ପାଉଥବ,
ହାତଗୋଡ଼ ଛୁଉଁଥିବ ନିମେଷକେ ଚଉଦ ବ୍ରହ୍ମାଂଡ ?
ତେଣୁ ଖାଲି ମାୟା ମୋହେ ଘୂରି ଘୂରି ଯେତେ ହଂତସଂତ
ଯେମିତି ଏ ହାଡୁ ସାହୁ ବାଲୁବିଶି ପ୍ରଗଣାର ଗାଁ ନା ବଂତ
ତା'ର କାଂଦ ଗାଁ ମଶାଣିଟି ପାଇଁ, କିଆବଣ,
ଅର୍କବୁଦା କଂଡିଆ କଡ଼ରେ
ଯୋଉଠି ପବନ କାଂଦେ, ପେଚା ଡାକେ,
ଖପୁରୀ ଓ ଭଂଗା ହାଂଡି ଗଡ଼େ
ଯୋଉଠି ତା' ବାପ, ଅଜା, ଅଣଅଜା, ପଣଅଜା
ଶୋଇଛଂତି ନିଶ୍ଚିଂତ ନିଦରେ
ଆଉ ଆଜି ପଁଷଠି ବର୍ଷରେ ଶୋଇବାର ଥାନ ଟିକେ
ବାଛିବାକୁ ହେବ ତାକୁ କେଉଁ ଏକ ଅଚିହ୍ନା
ଓ ନିଆରା ଜେଗାରେ ।।

ଇଏ କୁଷେଇ ମଳିକ, ମଉଜେ କଂଢେଇବେଂକ ଜାତିରେ କଂଡରା
ତା' ଭଉଁରୀ ଜାଲ ପଡ଼େ ଖପ୍‌ଖାପ୍, ଯେତେବେଳେ ପାହାଂତିଆ
ଆକାଶରେ ତାରା ନିଭି ନିଭି ଆସୁଥାଂତି, ଚହଟେ ସିଂଦୂରା
ସେ କାଂଦୁଛି ମୀନଗୁଡ଼ା ଓ କଂକଡ଼ା ଶୁଖି ଠକ ଠକ ଆହା
ଛଟପଟ ହୋଇ ମରିଗଲେ, ମଲାଧାନ କିଆରିରେ ଲାଂଜ ଛାଟି
ଦଂଡିକିରି ଆଖି ବୁଜି ନିଦରେ ଶୋଇଲା
ସରଯୂର ଘାଟଡଂଗା ଜଳଂତା ବାଲିରେ ଏବେ ଘୁମୋଉଛି
ତା' କଂଠରୁ ଗୀତ ସରିଗଲା, ଉଇ ଖାଇ ଶେଷ କଲେ
ପଖିଆ, ଭଉଁରୀ ଜାଲ, କାତ ଓ ଆହୁଲା
ଦକ୍ଷିଣା ପବନେ ଗଲା ସେଦିନ ହଠାତ୍ ଉଡ଼ି ଯେ କଳା ବଉଦ
କାହା ବୋଲେ ଗଲା ଆହା ଦି' ବରଷ ବିତିଗଲା
ଆଉ ଥରେ ତା' ଗାଆଁକୁ ବାହୁଡ଼ି ନଇଲା ।।

ବାକୀ ଇଏ ଜେମା ନନା, ପାଲାମୌ ପ୍ରଗଣାର ହରଶ୍ଚଂଦ୍ରପୁର
ତେରୋଟି ବରଷ କାଂଦେ ତା' ଗାଆଁ ତୋଟା ଆଉ ମହୁଫେଣା
ମହୁମାଛି ପାଇଁ। ପଛରୁ ଓଟାରେ ଯେବେ
କେଉଁ ଦୂର ଅଂଧାରି ମୁଲକୁଁ
ନଈରେ ରଜ ବାଗୁଡ଼ି,
ତରାଟ ଫୁଲ ଅଗରେ ବାଇଗବା କ୍ଷୀରର ବେଲୁନ
କେତକୀ ବଣର ବାସ୍ନା, ନିମଫୁଲ, କନିଅର ଆଉ ଜାଗୁଳେଇ
ଯୋଉଠି ସଂଧ୍ୟା ଘୁମାଏଁ ଅଣଓସାରି ଗଳିରେ
ଜ୍ୟେଷ୍ଠର ସୁନା ଧୂଳିରେ ବର୍ଷା ନାଚେ ଅସରା ଅସରା
ତାରା ସବୁ ଆକାଶରେ ବୁଢ଼ୀମାର ବଡ଼ି କୁଲା
କଳା କଳା ମେଘମାନେ ଦିଆଲରେ ଘଷି ଫରାଫରା ।।

ବ୍ରହ୍ମଜ୍ଞାନୀ

ଯିଏ ନଦୀ ସିଏ ନାରୀ, ସିଏ ମେଘ ସିଏ ବି ନଉକା
ନଈଧାର ମରିଗଲେ ନଉକା ବାଲିରେ ଗଡ଼େ
ନଉକା ନାୟିକା ହେଲେ ଭେଳା ବୁଡ଼େ
ଫୁଲି ଫୁଲି ନଇଁଥିବା କଳାମେଘ ଶୁଖିଗଲେ
ପୃଥିବୀର ହାଡ଼ ଦିଶେ, ଚମ ହୁଏ ଶୁଖା ଖଡ଼ଖଡ଼
କଳା ଭଅଁରକୁ ଜିଣି କବରୀ କେବେ ବି ହୁଏ
ଯମରାଜାଂକ ସ୍ୱାଗତ ଧବଳ ଚାମର ।।

ବର୍ଷାଧାରା ମାନେ କ'ଣ ?
ଆକାଶ ଓ ପୃଥିବୀର ଅସରା ପ୍ରେମ କାହାଣୀ
ଚୁପ୍‌ଚୁପ୍ ଚିଠି ଆଉ ପ୍ରତିଶ୍ରୁତି, ନୀରବ ସଂପ୍ରୀତି
ଆପଣା କେଂଦ୍ର ବିଂଦୁରେ ପ୍ରଜ୍ୱଳିତ ଶିଖା ନୁହେଁ
ନିର୍ବାଣ ନିଷ୍କଂପ ଗୃହେ ଧ୍ୟାନମଗ୍ନ ଦୀପ ନୁହେଁ-
ସ୍ନେହର ଝଡ଼ରେ ଭାଂଗି ନିଜକୁ ବିଛେଇ ଦିଏ
ନିଶୂନ, ନୀଳ ଆକାଶ ନଗ୍ନ ଶୂନ୍ୟତାରେ
ଯେଉଁ କଳାମେଘ ତା'ର କୋଟି କୋଟି ହାତ
ଆବେଗରେ ଲଂବି ଆସେ
ଛୁଇଁବାକୁ ଏ ମାଟିର ତାତିଲା ଦେହକୁ ।।

ବର୍ଷା ତେଣୁ ସଂପର୍କର ବହୁ ଛୋଟ ପୋଲ
ଯାହାର କ୍ଷୁଦ୍ର ବିଂଦୁରେ ତୃଷିତ ମାଟିର ଆଶା
ବଉଦର ସାଇଁ ସାଇଁ କୁଳୁକୁଳୁ ନଈ
ଆଉ ସମୁଦ୍ରର ଉତଳା ତରଂଗ
ଯୋଡ଼ିହୁଏ ସ୍ନେହର ଭାଷାରେ ।।

ସେ ଭାଷା ଶସ୍ୟର ଭାଷା । ସେ ଭାଷା ଘାସର ଭାଷା
ହୋମାନଳ, ଆହ୍ନିକ ଓ ଜପତପ ବର୍ଣ୍ଣମାଳା

ବୁଝାଇ ପାରେନି କେବେ ସେ ଭାଷାର ଠାର
ଫିଟାଇ ପାରେନି କେବେ ଗୂଢ଼ ଅର୍ଥ ତା'ର ।।

ତେଣୁ ଯେବେ ପଡ଼ିଶା ରାଜ୍ୟର ଲୋକେ
ଅସହାୟ କାଂଦଣାରେ ଭାସିଯାଂତି ସାମ୍ନାର ନଈରେ
ତମେ କ'ଣ ଚୁପ୍ ହୋଇ ବସିଥିବ ଆଖି ବୁଜି ତମରି ଦ୍ୱୀପରେ
ସଂପର୍କର ପୋଲ ସବୁ ଭାଂଗିଥିବ, ରାସ୍ତା ବଂଦ ଅସହାୟ ବାଂକ
ହୋମ ଗଂଧେ ମିଶୁଥିବ ପୂତିଗଂଧ, ଯଂତ୍ରଣାର ମଳିନ ବିକାର
ମଂତ୍ର ବାକ୍ୟେ କମା ଆଉ ପୂର୍ଣ୍ଣଚ୍ଛେଦ ଶ୍ୱାନ ଆଉ ଶୃଗାଳ ଚିତ୍କାର
କିଂତୁ ତୁମେ ଖୁସିଥିବ ଯେହେତୁ ତୁମ ପୃଥିବୀ ଅଲଗା ପୃଥିବୀ
ତପୋବନ, ପିତୃଦେବ, ସୂବ, ସୂଚ, ହରିଣ ଓ ମୟୂରୀ ମୟୂର ।।

ପ୍ରଶାଂତିର ତପୋବନ ଅବରୁଦ୍ଧ କୋଠରୀରେ
ନିର୍ବାକ ଚେତନାମୟ ନୀଳ ଶୂନ୍ୟ ନଭୋମଂଡଳରେ
ପଡ଼ୋଶୀ ରାଜ୍ୟ କାଂଦଣା ଭାସେ ଯଦି ଧୂଳିକଣା ପରି
ଅବଚେତନର ଛିଦ୍ରେ ରଶ୍ମିରେଖା । ବର୍ଷାର ହାତ ବଢ଼ାଅ
ସ୍ନେହର ହାତ ବଢ଼ାଅ ଋଷ୍ୟଶୃଂଗ, ନଈରେ ନଉକା
ନଉକାରେ ତୃଷ୍ଣାତୁର ଆଦିଭୂମି, ତପ୍ତଦେହ ଆଦିମ ନାୟିକା ।।

ରତ୍ନମାଳୀ ଓ ସମୁଦ୍ର

ରାସ୍ତାର ମୁମୂର୍ଷୁ ଘାସ, ଅର୍ଦ୍ଧବୁଦା, ଗୁଡ଼କଂକ
ଓ ବାଲିରେ ପାଦକୁ ଘୋଷାରି
କେଉଁ ଦୂର ସ୍ୱପ୍ନ-ସ୍ମୃତି ବୋଝ ବୋହି ସ୍ନାୟୁ ଓ ରକ୍ତରେ

ଶଂଖ-ଶୁଭ୍ର ମେଘ ଢାଂକି ନଖ ଅଗେ
ଦୁଇ ବାଲି-ପାହାଡ଼ ଓ ଭିଜା ଭିଜା କଳା ମାଟି ସଂତସଂତ
ବିସ୍ତାରରେ ଦୃଷ୍ଟି କ୍ଲାଂତ ହେଲେ;
ଝାଉଁବଣ ଖିଡ଼ିକିରେ (ହଜିଲା ସଂଗୀତ ସ୍ୱର ହଠାତ୍
କି' ମନେ ପଡ଼ିଗଲା !), ଝଲସଇ ନୀଳିମ ବଳୟ
ଚିତ୍ରପଟ ପରି ଏଇ ସମୁଦ୍ରର ଆଶ୍ଚର୍ଯ୍ୟ ଉଦୟ ।।

ମନେହୁଏ ସ୍ଥିର ଶାଂତ ଲ୍ୟାଂଡ୍‌ସ୍କେପ୍
ସଂଗେ ଅବା ନିର୍ଭୁଲ ସାମିଲ୍,
ଦରଛିଂଡା, ନୋଚାକୋଚା ଜରାଜୀର୍ଣ୍ଣ କାଗଜରେ
ପରିଚିତ ଅଫିସର ସିଲ୍ ।।

ଝାଉଁବଣ ସମୁଦ୍ରର ସାମ୍‌ନାରେ
ମିଳନ ଗୀର୍ଜାର କ୍ରସ୍
ରହି ରହି ଗୁରୁ ଘଂଟା ଧ୍ୱନି
ତା' ପାଖର ନୁଆଁଣିଆ ଚାଳଘର ଖିଡ଼ିକିରେ
ପିଲାଦିନ ଆଖି ତା'ର (କାଖର ଦି'ମାସ ଶିଶୁ
ଆଖି ତା'ର), ଯୀଶୁଂକର ସଂତାନର ଆଖି
ମଇଳା ବହି ପୃଷ୍ଠାର ଛବି ଆଖି ପରି
ଲ୍ୟାଂଡ୍‌ସ୍କେପ୍, ଗୀର୍ଜା ଆଉ ଶୁଭ୍ର ମେଘ
ଓ ଆକାଶ ସବୁ କିଛି
ଛୁଇଁଗଲା ଅଂଡାଳି ଅଂଡାଳି ।।

ଆତ୍ମାର ଛାଇରେ ଦେହ;
ସର୍ମନ୍‌ର ଉଚ୍ଚାରଣେ, ଗାୟତ୍ରୀ ପ୍ରଣବେ
ଘୋଷା ପରି ଗୁଂଜରିତ ଅଶ୍ଳୀଳ ପିପାସା;
ତା'ରି ଏକ ପରିପୃକ୍ତ ସଂସ୍କରଣ
ନୁଆଁଣିଆ ଚାଳ ଆଗେ ଚୁପ୍‌ଚାପ୍, ଫୁସ୍‌ଫାସ୍
କଥାଭାଷା, ଦେଶୀ ମଦ ଭାଂଗ ଓ ଗଂଜେଇ
ସଂଧ୍ୟାଗମେ
ମେଘହୀନ ଆକାଶରେ ନକ୍ଷତ୍ରର ଭିଡ଼ ଜମେ
ଭାଂଗିରୁଜି ମିଶିଯାଏ
ସ୍ନାୟୁ, ଶିରା, ରକ୍ତ, ମାଂସ, ହାଡ଼
ଅଂଧାରର ମସିଣାରେ ଦେହ ଆଉ ମନର ପହୁଡ଼॥

ଭଂଗା ଲଂଠନରେ ଯଦି ତେଲ ନାହିଁ, ବତି ନାହିଁ
ଜଳିବାର ଅଭୀପ୍‌ସା ବି ନାହିଁ
ସଂଧ୍ୟା ହେଲା-ମଳିନ ନକ୍ଷତ୍ର ପରି ଆକାଶର ଦୂର ଇଲାକାରେ
ଜଳିବାକୁ ହେବ ବୋଲି। ପ୍ରଜ୍ଜ୍ୱଳନ ଦିକିଦିକି
ଜୁଳୁକୁଳୁ ପୋକ ପରି ଜିକିଜିକି
ହେ କ୍ରସ୍‌ବାହକ ଯୀଶୁ ଆଉ ଏକ କଂଟାର ମୁକୁଟ ନିଅ
ସଜାଡ଼ିଛି ତମ ଶିଶୁ ଏଠି ତମ ପାଇଁ
ସ୍ୱର୍ଗଦ୍ୱାର ଅଧାଜଳା ରୁଇ କାଠ ଦେହ ତା'ର
ପୁଣି ଜଳିପାରେ
ଆତ୍ମାର ଆଲୋକ ଜାଳି ଘନ ତମିସ୍ରାରେ
ହେ ଏକକ, ଏକୀଭୂତ ପିତା, ପୁତ୍ର, ପବିତ୍ର ବିଦେହୀ!!

କେଉଁ ମୃତ ଗାନ ସ୍ୱର ଏ ସଂଧ୍ୟାର ଆରତିରେ ଜାଗେ!
ରିକ୍ତ-ପ୍ରାଣ ଆକାଶରେ, ରତ୍ନମାଳୀ ଆଖି ଠାରେ
ଦି' ମାସ ଶିଶୁର କ୍ଷୁବ୍‌ଧ ଅବହେଳିତ କ୍ରଂଦନେ
ଏବଂ ଏହି ଶବ୍‌ଦହୀନ ଅନାହତ କରୁଣ ବେହାଗେ॥

ପକ୍ଷୀ ସବୁ ଉଡ଼ିଗଲେ-ନାନା ଜାତି ସାମୁଦ୍ରିକ ପକ୍ଷୀ
ପକ୍ଷ ଝାଡ଼ି ଓ ଅସ୍ପଷ୍ଟ ବଂକାଟଂକା ବହୁ ରେଖା ଟାଣି
ଗୋଧୂଳି ଆକାଶ କରି ଉଦ୍‌ଭାସିତ
ଦୂରଦେଶେ ଅଜଣା ନିଳୟେ
କଂକଡ଼ା ଧାଇଁ ପଶିଲା ଅସ୍ତବ୍ୟସ୍ତ
ତା'ର କେଉଁ ପରିଚିତ ଘରେ
ମାଆ ଦେହ କୁହୁଳିଲେ
ଚଉପଟେ ଯଦି ଥାଏ ବାସ୍ନାଭୋଗୀ ଅନେକ ମଣିଷ
ଶିଶୁର କାଂଦରେ ତୁମେ ନିଅ ପ୍ରଭୁ
ନିଅ ପାପୀ ସଂତାନର ଅସରା କୁର୍ଣ୍ଣିସ୍ ॥

ଅସଂଖ୍ୟ ସମୁଦ୍ର ଜେଲି, ମଲା ଗେଂଡା, ଛିଂଡା ଫୁଲମାଳ
ନୋଳିଆର ଦଉଡ଼ିର ଛିଂଡା ଅଂଶ, ସମୁଦ୍ରର ଛିଂଡା ପଚା ଦଳ
ଭଂଗା ଯେତେ ଶାମୁକାର ଖୋଳ
ସେମାନଂକ ନିଶ୍ୱାସରେ ଶୁଣିପାର ଗଲାଦିନ, ମଲା ସ୍ମୃତି
ସମୁଦ୍ରର ତରଂଗିତ ତନିମାରେ ଗଭୀରେ ଜଡ଼ାଇ
ଅଂଗେ ଅଂଗେ ସଂଗମର ଶିହରଣ ଦେଇ
ସେ ମହା ଆଶ୍ଳେଷେ ତା'ର
ପଂଚଭୂତ, ମନ ଆଉ ବୁଦ୍ଧି ଦୋହଲାଇ,
ସବୁ ଭୁଲ୍, ଏକବାର ଭୁଲ୍
ଯେମିତି ଅଜସ୍ର ପ୍ରଶ୍ନ ଓ ବେଦନା ବ୍ୟଥା ଅଶ୍ରୁ ନେଇ
ଉତ୍ତରର ପ୍ରଶାଂତିରେ ସ୍ଥିର ଶାଂତ ଆକାଶ ଓ ଲ୍ୟାଂଡ୍‌ସ୍କେପ୍ ସାଥେ
ଏ ସମୁଦ୍ର ଚିତ୍ରପଟ ଦୂରୁ ଦିଶେ ନିର୍ଭୁଲ ସାମିଲ ॥

ସମସ୍ତେ ଫେରିଲେ ଘରେ
ବୁଢ଼ା ବୁଢ଼ୀ, ଛୁଆ ପିଲା, ଯୁବକ ଯୁବତୀ
ଶୂନ୍‌ଶାନ୍ ବେଳାଭୂମି, ଶୂନ୍‌ଶାନ୍ ନାକ୍ଷତ୍ରିକ ରାତି
ସବୁ ହାୟ ଏକାକାର ଅଂଧାରର ପ୍ରଶାଂତିରେ
ଲୁହ ହସ ବେଦନା ଓ ତାତି

ସମୁଦ୍ର ଲୁଣି ହାୱାରେ ଆଇଁଷିଆ ବାସ୍ନା ଆସେ
ଲିଭାଦୀପ, ପୋଡ଼ାକାଠ, କାଂଦ ଥମେ
ଅଚେତନ, ନିଶବଦ ରାତି ॥

ଯାହା କିଛି ଏ ସମୁଦ୍ର କରିବସେ
ମନେହୁଏ ସବୁଥିରେ ଚରମ ସିଦ୍ଧାଂତ ତା'ର
ପଛକୁ ଚାହିଁବା ନାହିଁ, ଆଗପଛ ଏଣୁ ତେଣୁ ଭାବିବାର ନାହିଁ
ପରିଣତି ଯାହା ହେଲା (ସେ ହୁଏତ ହୋଇପାରେ
ଉତାଣି ଜହ୍ନ ରାତିରେ, ଉଲୁସା ଜୁଆର ସୁରେ
ଆକାଶର ଯୋନିସ୍ଥାନ, ଶଂଖ ଶୁଭ୍ର ବଉଦର ପୀନସ୍ତନ
ଛୁଇଁବାର ଦୁର୍ବାର ଅଭୀପ୍ସା
ଅଥବା ଓଦା ସକାଳେ, ଧୂଆଁପତ୍ର ରଂଗ ମଖା କ୍ଷିତିଜ ରେଖାରେ
ସହସ୍ରାଂଶୁ ସୂର୍ଯ୍ୟେ କରି ନମସ୍କାର
ଗଭୀର ଧ୍ୟାନ-ନିମଗ୍ନ ମଂତ୍ର ସୁରେ ହୋଇ ହାତଯୋଡ଼)
ତାହାହିଁ ତ ଥିଲା କରଣୀୟ
ତାହାହିଁ ତ ଥିଲା ମନକଥା
କାରଣ ସମୁଦ୍ର କେବେ କହେ ନାହିଁ ପୂରା ବାକ୍ୟ,
ଗୋଟିଏ ବାକ୍ୟରୁ କିଛି ରଖିନିଏ ଗୋପନେ ଲୁଚାଇ
ରକ୍ତ ହେଉ, ଆତ୍ମା ହେଉ, ଛାଇ ଅବା ଆଲୁଅ ତା' ହେଉ
ହେଉ ଅବା କର୍ତ୍ତା, କର୍ମ,
କରଣ ବା ସଂପ୍ରଦାନ, ଅବ୍ୟୟ-ବାରତା
ରତ୍ନମାଳୀ ମନେ ଭାବେ ଏ ଦେହର ଉଷ୍ଣ ସୁଅ ଲାଭା ପରି
ଏ ମନର ଲୋତକ ଓ ଯେତେକ ବ୍ୟର୍ଥତା
ସବୁ ସେଇ ସମୁଦ୍ରର ଅପାର ପ୍ରାର୍ଥନା ସ୍ୱର
ସବୁ ଏକ ଅଜ୍ଞେୟ ମମତା ॥

ଦୁଇପକ୍ଷୀ

"ଦ୍ୱା ସୁପର୍ଣ୍ଣା ସୟୁଜା ସଖାୟା ସମାନଂ ବୃକ୍ଷଂ ପରିଷସ୍ୱଜାତେ
ତୟୋରନ୍ୟଃ ପିପ୍ପଳଂ ସ୍ୱାଦ୍ୱତ୍ତି ଅନଶ୍ନନ୍ନନ୍ୟୋ ଅଭିଚାକଶାତି"
-ଶ୍ୱେତାଶ୍ୱତରୋପନିଷଦ୍।
ଚଂଦ୍ରଭାଗା, ଦୃଶଦ୍‌ବତୀ ସ୍ଥିର ତରଂଗର ବୁକେ
ହରରଂଗୀ ଆକାଶ ଓ ବଉଦର ଛାଇ
ତରଂଗ ଥରିଲା ଯେବେ ପ୍ରତିମା ବି ଚୂନା ହେଲା
ଭଂଗାରୁଜା ଛିନ୍ନ ଭିନ୍ନ ଇତିହାସ ବୁନିଆଦି, ଆକାଶ ଓ ମେଘ
ସକଳ ଅଶାଂତ ଝଡ଼ କୋଳାହଳେ ମଂଦ୍ର ସୁରେ
କେ ସତେ ଫେରାଇଦେଲା ସେ ନୀଳିମ
କଲ୍ପଲୋକ, ଗାୟତ୍ରୀ ଓ ଓଁକାର ପ୍ରଣବ॥

ବାଉଁଶର ଶୂନ୍ୟ ଗୋଲେଇରେ ଖୋଜିବସି ବଇଁଶୀର
ତାଳ ଲୟ ମୂର୍ଚ୍ଛନାର ଘର
ରକ୍ତ, ମାଂସ, ଅସ୍ଥି, ମଜ୍ଜା, ସ୍ନାୟୁତଂତ୍ର ଲେଉଟାଇ
ଅଣୁବୀକ୍ଷଣରେ ପଢ଼ି, ନିକୁଟାଇ ଦେଖି ବାରଂବାର
ଅନୁଭୂତି, ଶିହରଣ, ଏ ଦେହର "ମାନେ"
ଖୋଜି ମନ୍ୱଂତର ମନ୍ୱଂତର ଧରି
ଖୋଜି ଖୋଜି ଅଣିତ ଦେହ ଓ ଦେହଳୀ
ମଥୁରା, ବିଦେହ, ଚଂପା, ପୁଷ୍ପଗିରି, ମତ୍ସ୍ୟଗଂଧା-ତରୀ!॥

ଚଉଷଠି କାମକଳା ଯେତେ ଯେତେ କବରୀ ଓ ନୀବିର ବଂଧନ
ଅଜସ୍ର ବିଭିନ୍ନ ରତି, ଜଳକେଳି କେତେ ଭଂଗୀ ଆଶ୍ଳେଷ ଚୁମ୍ବନ
ସୁସଜ୍ଜିତ ପଲ୍ୟଂକରେ, କୁସୁମିତ ଅଭିସାରେ,
ଚିତ୍ରପଟେ, ଶିଳାବୁକେ ସତ ଆବାହନ
ଅଭିଜାତ ସାଧବରେ, ରୂପଜୀବୀ ଗଣିକାରେ,
ଭ୍ରଷ୍ଟ ପିଂଗଳା ବେଶ୍ୟାରେ

କିଏ ସେ କହିଲା ଶେଷ ତ୍ୟଜିବାକୁ ଏ ଦେହର ମୋହ ଆବରଣ
ଯଉବନ ମଦମତ୍ତା ମଧୁମତ୍ତା କାନେ କିଏ ଗୁଂଜରିଲା ଶ୍ରମଣ
ନିର୍ବାଣ ସପନ ?
ମୋତି ଓ ମାଣିକ୍ୟ ଆଉ ମରକତ ହୀରା, ନୀଳା, ଅମୋଘ ବୈଦୂର୍ଯ୍ୟ
ଅଷ୍ଟରତ୍ନ, ଅଷ୍ଟନିଧି ବୈକୁଂଠର ସମସ୍ତ ଐଶ୍ୱର୍ଯ୍ୟ
ବୋଇତ ବୋଇତ ଭରା ସୁଅ ବାହି-
ନନିଗେନ୍‌, ତାମ୍ରଲିପ୍ତି, ଚେଲିତାଲୋ, ଚାରିତ୍ର୍ୟ ବଂଦରେ
ସୁଦୂରର ସ୍ୱପ୍ନ-ଦୀପ, ପୋତାଶ୍ରୟ, ପଣ୍ୟ କୋଳାହଳ
ସହସା ହୋଇଲା କିଆଁ ନୀରବିତ, ସାଧବର ଆଖି ଛଳଛଳ
ସବୁ ଐଶ୍ୱର୍ଯ୍ୟର ପରେ କି ଭାବନା
କଲା ହୃଦ ବେଦନା-ବ୍ୟାକୁଳ ? ।।

ଗୋଟିଏ ଆଖି ଦେଖିଛି ମନ୍ୱଂତର, ଘୂରି ଘୂରି ଛାୟା-ସୂର୍ଯ୍ୟ ପରି
ଗୋଟିଏ ଆଖି ଦେଖିଛି ଶତକୋଟି ଆଖି
କୁରୁକ୍ଷେତ୍ର ପୃଷ୍ଠଭୂମେ ବେଲାଳସେନ ସେ ସତେ
ଲହୁ, ଲୁହ, ଶୌର୍ଯ୍ୟ, ବୀର୍ଯ୍ୟ, ଗୁଧ୍ର,
କବଂଧର-ସେ ନୀରବ ଦ୍ରଷ୍ଟା !
ଅବାଙ୍‌ମୟ ସେ ମଉନ ସାକ୍ଷୀ ।।

କୁରୁକ୍ଷେତ୍ର ରଣାଂଗନେ ଅବ୍ୟର୍ଥ ଶର-ସଂଧାନୀ ସବ୍ୟସାଚୀ ଚିତ୍ତେ
କି ଏକ କରୁଣ ବାଣୀ ଅଲକ୍ଷିତେ ମର୍ମରିଲା ସତେ
କଳିଂଗ ସମରାଂଗନେ ବିଜୟୀ ଅଶୋକ କାଂଦେ
'କି କଲି, କି କଲି' ବୋଲି ମଥା ରଖି ହାତେ
ବିଜୟ, ରଣଦୁଂଦୁଭି, ଆଟୋପ ଓ ପଟୁଆରେ
ମାଥେ ନେଇ ବିଜୟର ଟୀକା
ମୃତ୍ୟୁଦାୟୀ ତରବାରି ଶକ୍ତି ମାପି କାହିଁକି ସେ ମହାରଥୀ
ଦେଖିଗଲା ଲୋତକରେ, ଦୀର୍ଘଶ୍ୱାସେ ତରବାରି କରୁଣ ଭୂମିକା ?
ଅପ୍ରଶସ୍ତ ସରୁଗଳି, କୁଷ୍ଠରୋଗୀ, ଅଂଧାର ମଂଦିର

ଲୋଳଜିହ୍ୱ ପାରିଷଦବର୍ଗ ଦେଖେ ବିପର୍ଯ୍ୟସ୍ତ ଝୀନବାସ
ରକ୍ତେ ଝଡ଼ ଦେବଦାସୀ ନୃତ୍ୟର ଲହର
ଘୋ ଘୋ, ହୋ ହୋ, ରେଜ୍‌କିର
ଠଣ୍‌ଠଣ୍‌, ଲଂବୋଦର ଧର୍ମ-ଅଧିକାରୀ
କିଏ ସେ ଜାଳିଲା ସେଠି ପ୍ରତ୍ୟୟର
ଦୀପ୍ତଶିଖା, ଶକ୍ତିମଖା ଆଲୋକ ସଂଚାରି ?
ମଂଦିରର ଚୂଡ଼ା ଆଉ ଫରଫର ନେତ ଖୋଜେ ନକ୍ଷତ୍ର ସପନ
ଅଜସ୍ର ପ୍ରଶ୍ନିଳ ଆଖେ ଆକାଶର କ୍ଳାନ୍ତ ନୀଳିମାରେ
ଦାରୁବ୍ରହ୍ମ କଳାଡୋଳେ ମଣିକର୍ଣ୍ଣିକାର ଛବି
ଦଶାଶ୍ୱମେଧ ଜଳିଲା ଚୋଳ ବ୍ରଂଜ୍‌ ନଟରାଜ ତାଂଡବ ଠାଣିରେ ।।

ଅପ୍ରତିହତ ସେ ବିଂଦୁ ଅନାହତ ବୃତ୍ତ
ପରିଧି-ସୀମିତ ସେଇ ଶାଂତ ପୃଷ୍ଠଭୂମେ
ମହାକାଳ ବିଶ୍ୱଧ୍ୱଂସୀ ନୃତ୍ୟ ।।

ଭୂର୍ଜପତ୍ର, ଶିଳାଲିପି, ତଂବାପଟା, ମାଟିତଳ ଚୈତ୍ୟ ଓ ବିହାର
ଗଦା ଗଦା ତାଳପତ୍ର ପୋଥି ଆଉ ଶ୍ରୁତିର ସଂଭାର
ସବୁ ଏଠି ନୀରବିତ, ଅସହାୟ ଇତିହାସ, ଅସହାୟ କାଳ ମାନଦଂଡ,
ଅନଂତ ଶୟନେ ବିଷ୍ଣୁ କ୍ଷୀର ସମୁଦ୍ରରେ । ଯାହା ଥିଲା, ସବୁ ଅଛି
ସବୁ ଥିବ ଚିରକାଳ ପାଇଁ
ଭୂତ ଓ ଭବିଷ୍ୟ ସବୁ ଚିର ବର୍ତ୍ତମାନ
ପୁରୁଣା ଆକାଶ ତଳେ ଅନଂତ ସମୟ
ଏଠି ଚିରକାଳ ପଡ଼ିଛି ଘୁମାଇଁ ।।

ପରିଚିତା ମାଟି ତୁମେ, ଘାସ ଫୁଲ ହସ ତୁମେ
ଅଂତଃସତ୍ତ୍ୱା ଫସଲର ସବୁଜ ପ୍ରତୀତି
ତୁଳସୀ ଚଉରା ତୁମେ ଅତି ଆପଣାର,
ଦୀପଶିଖା, ପ୍ରାଣ ଆଉ ପ୍ରୀତି

ଲହୁ, ଲୁହ, ହସ କାଂଦ ଇହ ପରଲୋକ
ଇତିହାସ ଭଗ୍ନପାଦ ଖଂଜ ଯେତେ ଘଟଣା ପ୍ରବାହ, ସବୁ ସିନା
ତୁମରି ନିର୍ମୋକ
ମାଟିର ଆଶ୍ଳେଷେ ରହି କାଦୁଅରେ ଗୋଡ଼ ଥାପି,
ତୁମେ ଅନ୍ୟ ଆକାଶେ ଉନ୍ମୁଖ ।।

ସମୟ-ପଂକିଳ ଏଇ ସୀମିତ ପଲ୍ଵଳ ନୀରେ,
ମାନସରୋବର ଯାତ୍ରୀ ହେ ମୋ ରାଜହଂସ !
ହେ ମୋର ପ୍ରଥମ ପ୍ରେମ, ହେ ଭାରତବର୍ଷ ! !

ଇତିହାସ

ମଥୁରା ତଥାପି ହସେ କାଳଜୟୀ ମନଭୁଲା ହସ
ଦ୍ୱାରକା ବୁଡ଼ିନି ଜଳେ, ହସେ ଆଜି ପୂତ ଇଂଦ୍ରପ୍ରସ୍ଥ
ଅଷ୍ଟାଦଶ ବାର ହାରି ଫେରିଯାଏ ନତମୁଖେ ବୀର ଜରାସଂଧ
ମଥୁରାର ନଗ୍ରଲୋକେ ଦୁର୍ଗ ଅଟ୍ଟାଳି ଆରୋହୀ
ଦେଖଂତି କିପରି ଜରା ହୋଇବ କବଂଧ ॥

ମଥୁରା ତଥାପି ହସେ, ଇଂଦ୍ରପ୍ରସ୍ଥ, ଯମୁନା ଓ ଗଂଗା
ହିମବଂତେ ହିମ ହସେ କାଳରାତ୍ରି ତମସା ବିଦାରି
ଏଠି ଆଜି ଦ୍ୱୀପ ନାହିଁ, ପଥଘାଟ ଶୂନ୍‌ଶାନ୍
ଆକାଶରେ ନୀରବତା, ଜିକି ଜିକି ଦି' ଚାରୋଟି ତାରା
ଦୂରେ ଦିଶେ ଯମୁନାର କ୍ଷୀଣ ସୁଅ
ରାଜଘାଟ, ଶାଂତିବନ ଆଉ କୁଶିନାରା ॥

ଆମେ ସବୁ ଝରକା ଓ ଦ୍ୱାର ଯେତେ ରୁଦ୍ଧକରି
ଚୁପ୍‌ଚାପ୍ କାନ ଡେରି ବସୁ
ମାଟି ତଳେ ଲୁଚିବାକୁ ସଂକେତର ଅପେକ୍ଷାରେ, ପ୍ରାଗୈତିହାସିକ
ସ୍ମୃତି। ପ୍ରଭୁ ଯୀଶୁ ତୁମ ପରି ପୁଣି ଶେଷ କରୁ
ମହମବତି ଆଲୁଏ ଆମର 'ଲାଷ୍ଟ ସପର୍'
ଆକାଶର ନେଳି ଶାଢ଼ୀ ଚିରିଯାଏ ଶବ୍ଦର ଝଡ଼ରେ
ନୀଳାକାଶ ପୁଣି ହୁଏ ନିଥର, ମୃତ, ନୀରବ
ମ୍ରିୟମାଣ ସତେ ବେଦନାରେ ॥

ପିଲାଦିନେ ବହିରେ ପଢ଼ିଛୁ ଆମେ
ତୁମେ କୁଆଡ଼େ କହିଲ, 'ହେ ଆଲୋକ, ପୃଥିବୀକୁ ଆସ'
ଏବଂ ତୁମ କଥା ମାନି ଆଜ୍ଞାବହ ଶିଶୁ ପରି
ମଥା ନୋଇଁ ଆଲୋକ ସେଦିନ ଆସି

ଛିଡ଼ା ହେଲା ପୃଥିବୀ ସାମ୍ନାରେ
ଆଜି କିଂତୁ ଆଲୋକର ଦରକାର ନାହିଁ ଆଉ
ଯେହେତୁ ତମ ଆଲୋକେ ସବୁ ପରିଷ୍କାର ଦିଶେ
ଅଂବାଲାର ତୁମ ଗୀର୍ଜା, ରୋଗୀଙ୍କର ହସ୍‌ପାତାଲ
ଅଗଣିତ ପୁରପଲ୍ଲୀ ବିପଣୀ-ବୀଥିକା
ନୀଳ-ସାବ୍‌ଜା ବିଲବଣ, ଢେଉ ଢେଉ ପରବତ
ଆକାଶ ମାର୍ଗରୁ ଦିଶେ ପିଲାଂକର କଂଢେଇ ଓ ଦରହାସ
ଅନେକ ଦିନର ଏଇ ପରିଚିତ ମାଆ ମାଟି
ମଣିଷର ଖେଳଘର ଜୀବନ ଓ ମରଣର ଅସରା ଭୂମିକା ॥

ଇଗଲ୍‌ର ଆଖି ନେଇ ଖୋଜିବୁଲେ ଲକ୍ଷ୍ୟସ୍ଥଳ ଶତ୍ରୁର ବିମାନ
ଆଲୋକ ମଣିଷ ଶତ୍ରୁ, ସ୍ପଷ୍ଟ କରେ
ହାତଠାରି ସେ ଦେଖାଏ ଲକ୍ଷ୍ୟସ୍ଥଳ
ଚଢ଼େଇର ବସା ଭାଂଗେ କୁହୁ ଓ କାକଳି ସରେ
ହସ କଳରୋଳ ହୁଏ
ନିମିଷକେ ନୀରବିତ ଭୀମ ଶମଶାନ ॥

ଚଂଦ୍ରର ସୁଇଚ୍ କାହିଁ ? ମହାବାହୁ ଲିଭାଅ ଚଂଦ୍ର ଓ ତାରା
ଦିଅ ହେ ଲିଭାଇ ଆଜି ପୁରାତନ ସୂର୍ଯ୍ୟଦୀପ
ତୁମରି ଆକାଶୁ, ପୃଥିବୀରେ ଘୋଟୁ ଆଜି ଅଂତହୀନ ଅଂଧକାର
ନିଭିଯାଉ ଦେଶ ଦେଶ, ମଣିଷ ଓ ମଣିଷର
ଅକ୍ଷାଂଶ ଦ୍ରାଘିମା ଗଣି ଯେତେ ବଂଟୁଆରା ॥

ସକଳ ଅଂଧାର ଶେଷେ ତୁମେ ଅଛ
'ତ୍ୱମେବ ଭାଂତଂ ଅନୁଭାତି ସର୍ବଂ'
ଲିଭୁ ଆଜି ଚଂଦ୍ର, ସୂର୍ଯ୍ୟ ଯେତେ ଗ୍ରହ ତାରା
ଅଂଧାରର ମନ୍ୱଂତର ପରେ ପୁଣି
ଭାସମାନ ବଟପତ୍ରେ ତୁମେ ତ ଆସିବ ଫେରି ହେ ଆଲୋକ ମୂଳପିଣ୍ଡ
ହେ ଦୁରଂତ ରଶ୍ମିର ଫୁଆରା ॥

ଅଂଧାରରେ ଭାସି ଭାସି ଦୂରେ ଯାଏ ଜକାଜକି ବହୁ ସ୍ମୃତି
ସ୍ମୃତିର ଅଲଗୁଣିରେ ଛିଂଡା କଂଥା, ଛିଂଡା ଧୋତି
ମଂଚାରୁ ଖସୁଛି କଂସ, ଜରାସଂଧ ଫେରିଯାଏ
ବ୍ୟର୍ଥ ମନୋରଥ ହୋଇ ଅଷ୍ଟାଦଶ ବାର
ବେଆସ୍‌ର ବାଲୁଚରରେ ଗ୍ରୀକ୍ ସେନା କବଂଧ ଓ ସାଂଜୁ
ସବୁ ପୋତି ହେଇ ପଡ଼େ
ତୈମୁର୍, ନାଦୀରଶାହା, ମାମୁଦ-କବର
କୁଆଡ଼େ ଗଲେ ସେମାନେ ?

ଖରାଦିନ ଗାଆଁ ଦାଂଡେ ପହିଲି ବରଷା ପରି ଅଂତର୍ଦ୍ଧାନ ହେଲେ
କମାଣର ଗର୍ଜନରେ ନଂଦିଘୋଷ
ପାଂଚଜନ୍ୟ, ଶ୍ରୀକୃଷ୍ଣର ସ୍ୱର
କୋୟାନ ଓ ସାଟୋରୀର
ଧମ୍ମ ଆଉ ସଂଘର ଶରଣ
ମାଗି, ଆଲୋକର କ୍ଷୀଣ ସଂଦୀପନ
ଗଂଗାର ଉଜାଣି ସୁଏ ଋତ୍ୱିକର ମଂତ୍ର ଉଚ୍ଚାରଣ ।।

ଶାକ୍ୟ ମୁନି, ମନେପଡ଼େ କାଲି ପରି
ତୁମର ନଗର-ବୁଲା ରୋଗୀ, ବୃଦ୍ଧ, ଶବ ଦେଖା
ଆଉ ଛାଡ଼ି ଚାଲିଯିବା ରାଜବାଟୀ
ଖୋଜିବାକୁ ଯଂତ୍ରଣା କାରଣ
ଆଜି ଏଠି ରାସ୍ତାରେ ଅଜସ୍ର ଶବ
ଶିଶୁ ଫୁଲ ପାଦେ ଦଳା
କଂଢେଇର ଖେଳ ଶେଷ
ଆଗେଇ ଆଗେଇ ଆସେ ମରଣ ଓ ଅଂଧାରର କୁତ୍ସିତ ଦଇତ୍ୟ
ଆଜି ଶାଂତି ରହୁ ପଛେ ଆଶ୍ରମରେ ନାଚି ଉଠୁ
ଇସ୍ପାତର ହସ ନେଇ ମୃତ୍ୟୁର ରଇତ ।।

ପୁଣି ବି ଫେରିବ ଦିନ ବେଦଧ୍ୱନି, କୋରାନ ଓ ସାଟୋରୀର ସ୍ୱର
ପୁଣି ବି ଆସିବ ଫେରି କରୁଣାର ବାଣୀଧାରା
ହୋମାଗ୍ନିର ପୂତ ଶିଖା ଗୀର୍ଜାର ପ୍ରାର୍ଥନା
ମଂଦିରର ଘଂଟାଧ୍ୱନି, ମସ୍‌ଜିଦ୍ ନମାଜ
ବଂଚିବ ହସିବ ପୁଣି ମଣିଷର ଭିଟାମାଟି,
ପୁରୁଣା ଏ ମଣିଷ ସମାଜ ।

ସକାଳ, ସଂଜ ଓ ରାତି

ସକାଳ

ତମରି ଗଛର ଡାଳ, ପତରରେ ବିଜୁଳି ବଉଦ ଝଡ଼ ସରି ଯାଇଥାଏ
ସ୍ଥିର ଶାଂତ ଗଛ ଯିଏ ଝଡ଼କୁ ଚିହ୍ନେନା
ବଗପକ୍ଷୀ-ଧଳା ଶାଢ଼ୀ ରକତର ଢେଉ ଯେ ଜାଣେନା
ବଂଚି ରହେ। କୁହୁଡ଼ି ଓ ମେଘ ଉହାଡ଼ରୁ
ଆଖିର ନୋଳିଆ ନାହା ଫେରି ଆସେ ସତ
ଗଲା କଥା ଗଲାଣିରେ ମିତ ॥

ତମେ କେତେ କଥା କହ ଚଢ଼େଇଂକ କିଚିରି ମିଚିରି;
ଅସଂଖ୍ୟ ଶବ୍ଦ ଲହଡ଼ି ଡେଣା ମେଲି ଉଡ଼ି ଆସି
ହଠାତ୍ ହୁଅଂତି ପିଟି। ଜୀଇ ଉଠେ ମୋର ବାଲିବଂତ,
କାଂଦୁଥାଏ ଅଦୃଶ୍ୟ ଦିଗଂତ ॥

ପୁଣି କେବେ କ'ଣ ହୁଏ, ହଠାତ୍ ତୁମେ ତୁନି ହୁଅ
ଚାହିଁରହ ଚୁପ୍‌ଟିଏ ହୋଇ
ଯେମିତି ଚିହ୍ନନି ମତେ, ଚିହ୍ନନି ମୋ ଦଦରା ନାଆକୁ
ଯାହା ଖାଲି ନାଚୁଥାଏ କୂଳରେ ପହଁଚି ସାରି
ଗୋଡ଼ ଥାପି ବାଲିର ଦଂଭରେ। ସେ ବିଚାରା ଫେରି ନାହିଁ
ସାମନାରେ ଶୂନ୍ୟ ନୀଳ ମହା ପାରାବାର
ଅଂତହୀନ ନେଳି ଆଖି ନାହିଁ ଯାର କୂଳ ଓ କିନାରା
ଉଦାସୀନ ଦୂରତାରେ ଦୃଷ୍ଟି ଯହିଁ ହୁଏ ଦିଗହରା ॥

ସଂଜ

ଆମ ସାଂଗେ ଜହ୍ନ ଆଉ ଦେବଦାରୁ, କେତୋଟି ବଉଦ
ନେଉଳିଆ ଭାଇ ପରି ଚାଲିଥିଲେ ରାସ୍ତା କଡ଼େ କଡ଼େ।
ତମରି କଥାରେ ଥିଲା ସଂଜବତି, ପୋଇଭାଡ଼ି, ତୁଳସୀ ଚଉରା
ଛୋଟିଆ ସଂସାରଟିର କୋଳାହଳ, ପ୍ରତିଶ୍ରୁତି ଆତ୍ମିକ ଜୀବନ
ହଠାତ୍ ଥମିଲ କିଆଁ, ହାତ ଛାଡ଼ି ଅନେଇଲ ମତେ
ପଲକେ ଉଭେଇଗଲା ସେ ପୃଥିବୀ, ଛିଡ଼ାହେଲା ଆସି ଅନ୍ୟ ଦିନ।
ବେଛପରି ଶୂନ୍‌ଶାନ ଗାଁଟିଏ ଛିଡ଼ା ହେଲା ପାହାଡ଼ ଛାଇରେ
ହାଡ଼ ସବୁ ଗଣିହୁଏ। ଭଂଗା କାଂଥ, ଆଉ ଗୁଗୁଚିଆ
ସିଝୁ, ବାଇଗବା ବଣ ନିର୍ଜନତା ଖାଲି ହାଇମାରେ।।

ରାତି

ଅଂଧାର ବଢ଼ିପାଣିରେ ଚାରିଆଡ଼ ବୁଡିଗଲେ
ମୁଁ ଖାଲି ପହଁରୁଥାଏ ତମରି ହ୍ରଦରେ
ହଂସଟିଏ ଖୁଂପୁଥାଏ ଆପଣା ଛାଇକି
ପଦ୍ମଫୁଲ ଡେଣାରେ ଆଡ଼େଇ ଯାଏ ଭାସି ଭାସି
ତୋଫା ଧଳା ଆଉ ଏକ ଗତି ଆସି ମିଶିଯାଏ ତାଆରି ସଂଗରେ
ହଂସଧ୍ୱନି ମଂତ୍ରପରି ଶୁଭୁଥାଏ, ସେଇ ଅଂଧାରରେ
ଏବଂ ବିଂଚି ହୋଇପଡ଼େ ସହୃଦୟ ହ୍ରଦର ପାଣିରେ
ହଂସ ଦୁହେଁ ଚମକଂତି ଛାଇରେ ହଠାତ୍ ଦିଶେ
ପାଣିତଳେ ପଂକ ଓ କାଦୁଅ ଦୁହିଁ ପଦ୍ମ ନାଡ଼ ଖୋଜା
ଆଂଗୁଠି ଓ ଶେତା ହାତ। ବିଶୃଙ୍ଖଳ ଶ୍ୱେତ ପର
ସେ ପଂକରେ ସଢୁଥାଏ ସମୟର ସ୍ମୃତି ଲେଖିସାରି
ଜୀଅଂତା-ସ୍ଥାପତ୍ୟ ଛାଡ଼ି ଦେହ ମଂଦିରର
ପଂଜରାହାଡ଼ ଖପୁରି ଗଡୁଥାଂତି ନୀରବରେ ସୂର୍ଯ୍ୟ ଜପ କରି।।

ଲେଉଟାଣି

ହଠାତ୍ ବିସ୍ମୟ ଲାଗେ, ଏଡ଼େବଡ଼ ନାହାଟିଏ
ଚିତ୍ରରେ ଭାସିଲା ପରି ଭାସି ଉଠେ ଶୁଖିଲା ବିଲରେ
ସେଠି ପୁଣି ବହିଯାଏ ନଈ ?
ସେଇ ନଈ ଅତଡ଼ା ଯାହାର ନାହିଁ କୂଳ ତା'ର ଖାଲି ବିଲ, ଡିହ
ତୋଟାମାଳ ସାଂଗେ ମିଶି ବହିଯାଏ ନଈ ଶିରି ଶିରି
ଜୁଆରିଆ ପଂକ ଆଉ କାଦୁଅରେ
ହୁଲି ଡଙ୍ଗା କେତେବେଳେ ଲାଖିଯାଏ
କଷ୍ଟଲାଗେ ମାଟିଠାରୁ ଆପଣାକୁ ଝାଂକି ଓଟାରିବା
ଖରାଧାସେ ଦୂର ଗାଁ ଜଳୁଥାଏ କ୍ଷୀଣ ଆଶା ପରି ।।

ମୁଁ ତୁମକୁ ନିଘା କଲି । ତମ ମୁହଁ ଦିଶୁଥିଲା
ପୂର୍ଣ୍ଣମୀରେ ସମୁଦ୍ର ଜୁଆର
ଆଖିରେ ଉଡ଼ଂତା ନାଆ କାତ ଆଉ ଆହୁଲାରେ
ସାଇଁ ସାଇଁ ଉଡ଼େ । ଦୂର ଗାଁ ନିଭିଲାଣି ଜଳଛବି ପରି
ଜିପ୍ ଓ ମଣିଷ ସବୁ ଲୁଚିଲେଣି
ଗାଁର ନଡ଼ିଆଗଛ ଘରର ଉହାଡ଼େ ।।

ଏବେ ବାଲି ତାତିଲାଣି । ପବନରେ ଛିଟ୍‌କୁଛି ବାଲି
କୋଉଠି ନେଲି ସମୁଦ୍ର ଏଠି ଖାଲି ବାଲିର ପାହାଡ଼
ପବନରେ ସାଇଁ ସାଇଁ ଜିଭ ଚାଟି
ବାଲି ରଂଗ ଚହଟାଏ ଗୋଖୁର ସାପର
ଆକାଶ ବଉଦହୀନ ନିପି ପୋଛି କେଡ଼େ ନିଚିପର ।।

ଏତିକି ବାଟ ଆସିଲା ବିଶ୍ୱାସର ଭଂଗା ଗୋଡ଼
ଏଣିକି ଭଂଗା ଖଡ଼ମ, ଛିଂଡା ଜୋତା ଓ ସବୁଜ ଆଶା
ମଲା ଘୋଡ଼ା, ଓଟଂକର ପଂଜରା ସାଂଗରେ ମିଶି

ବାଲିରେ ଶୁଖିବା ସାର। ଛୋଟ ଛୋଟ ବାଉଁଶ କଣିରେ
ଦରଜି ଦୋକାନୁ ଆଣି ନେଲି ନେଲି ଛିଂଡା ଆଉ କଟାକନା
ବାଲିରେ ପତାକା ପୋତି ଢାଳି ଅଶ୍ରୁବାରି
ନାମ ସଂକୀର୍ତ୍ତନ କରି ନୀଳଚକ୍ର ମହିମା ସୁମରି॥

ଖଡ଼ମ ଓ ଜୋତା ଯଦି ନ ବୁଡ଼ିବ ସମୁଦ୍ରର ଲୁଣିଆ ପାଣିରେ
ଅଥବା ସମୁଦ୍ର ହେବ ଦୁଇଭାଗ ମଝିଟାରେ ବାଟ ଦିଶୁଥିବ
ଅନେକ ଭୀରୁ ଦୁର୍ବଳ କାପୁରୁଷ ସମୁଦ୍ରର ଶୂନ୍ୟ ଅଥଳରେ
ମଜବୁତ ମଂଦିରର ନିଦ୍ରା ନିଦା ପ୍ରତ୍ୟୟ ଖୋଜିବେ
ଆଖି ବୁଜି ଦେଖୁଥିବେ ସେ ପଟ ବାଲି ପଂତାରେ
ପୋଡ଼ିଯିବା ଅନେକ କୁଡ଼ିଆ। ଗଛଡାଳେ ଝୁଲୁଥିବା
ଆତ୍ମଘାତୀ ବହୁଲୋକ। ଲୁହପୋଛି ଗାମୁଛା କାନିରେ
କାନ୍ଦୁଅରେ ଚାଲିଥିବେ ଛୋଟପିଲା କାଖରେ କାଖେଇ
ଶିମୁଳି ଗଛକଣ୍ଟାରେ ଜାକି ଧରି ପିଟୁଥିବେ ଯମଦୂତ
ଦଂତରେ ତିରଣ ଧରି ଦେଉଥିବେ ଆତଯାତ
ଦୂର ଗାଁ କୁହୁଡ଼ିରେ ହଜିଥିବ ତାଂକ ଆଖି ନିଆଁରେ ଗାଧୋଇ।
ସେତେବେଳେ ସେମାନେ ନିଶ୍ଚିଂତ ଥିବେ ସମୁଦ୍ରର ଅଥଳ ପାଣିରେ
ଦି'ଭାଗ ହେବା ପାଣି ମିଶିଯାଇ ପୁଣି ଏକାକାର
ହୋଇ ସାରିଥିବ। ବାକୀ ଯେଉଁମାନେ ଢେଉର ଏପାଖେ
ରଡ଼ି କରୁଥିବେ ଖାଲି ବଂଚିତର ତୀବ୍ର ହାହାକାର॥

ଏ ପୁରୁଣା ଦୃଶ୍ୟ କଥା। ତେଣୁ ଆମେ ବରଂ ଚାଲିଯିବା
ଏମିତି ଏ ବାଲିରେ। ସମୁଦ୍ରର କୂଳରେ ପହଂଚି
ପୁଣି ତାକୁ ପିଠି କରି ଫେରିଯିବା ବାଲିରେ ବାଲିରେ।

ଶୀତ ଋତୁ

ସେମାନେ ଜାଣି ନ ଥିଲେ ଯେ ମୁଁ କେବେ ମରି ଯାଇଥିଲି
ସଭିଙ୍କର ଅଜଣାରେ। ଏବେ ଖାଲି
ଭୂତ ହେଇ ଘୂରୁଥିଲି ମୋ ଗାଡ଼ିରେ
ରାଜ ଦାଂଡେ; ଇଂଜିନର କାନ ମୋଡ଼ି,
ଥରେ ଥରେ ଟାକରା ଫୁଟେଇ
ଷ୍ଟିଅରିଂ-ଲଂଗଳ କଂଟି ଠିକ୍ ରଖି,
କଦବା ମୋ ପାଂଚଣ ବାଡ଼େଇ
ହେ ମୋର ପ୍ରିୟ ସହର, ହେ ମୋ ପ୍ରିୟ ରାଜଧାନୀ।।

ସେମାନେ ନିରପରାଧ;
ନାକ୍ଷତ୍ରିକ ଦୂରତାରୁ ଘଟଣା ଲକ୍ଷ୍ୟ କରିବା ବଡ଼ଇ କଠିଣ
ନକ୍ଷତ୍ର ମଲେ ବି ତା'ର ଆଲୁଅରେ ରେଖା ନିଭେ
ଆମ ଆଖୀ ଆଇନାରେ ବର୍ଷ ବର୍ଷ ପରେ,
ଦୂରତା, ସମୟ ଏବଂ ଘଟଣାର ଜଳଛବି
ଏ ସମସ୍ତ ଗୁଂଥା ଯେଣୁ ଏକଇ ଡୋରରେ।।

ଆଜି ଏଠି ଶୀତଦିନ
ହାଡ଼ ମଂଜ ଥରିଯାଏ କୋହଲା ପବନ
ଚୁପ୍‌ଚାପ୍ ନୀରବରେ, ଝୁପୁଝୁପୁ ବର୍ଷା ଝରେ।।

ରାସ୍ତା ସାରା ମଲା ପତ୍ର ହଠାତ୍ ନିଦରୁ ଉଠି
ମୋ ଗାଡ଼ି ପଛରେ ବହେ ଦଉଡ଼ଂତି
ସହରତଳି ବସ୍ତିର କୁଁ-ପେଟ ମନୁସୁତ ସମ
ଏବଂ ଖାଲ ରାସ୍ତା ସବୁ, ପାଣିଚିଆ ଓଦା ଆଲୁଅରେ
ଝଲସଂତି। ମୁଁ ଖାଲି ବିନା ଆୟାସେ ଧଇଁସଇଁ;
ଅଭ୍ୟସ୍ତ ପ୍ରତିକ୍ରିୟାରୁ ହୁଏ ଯାହା ଆଗୁସାର

ଫୁଟ୍‌ପାଥ୍ ଲ୍ୟାମ୍ପୋଷ୍ଟ, ନିଅନ ଆଲୁଅ
ଏ ସବୁଠୁଁ ନିଜକୁ ବଂଚାଇ ॥

ହକର ରଡ଼ି ଛାଡୁଛି, ଅଦିନିଆ ବର୍ଷାରେ ଦଉଡ଼ି
ଖବର ଖବର ଅଛି, ପୃଥିବୀର, ମଣିଷର ଜନ୍ମ ମରଣର
ପୁରୁଣା ଖବର କାଲି କିଂବା ଆଜି କଥା
ଭୀଷଣ ଖବର ଅଛି ଟୁଥ୍‌ପେଷ୍ଟ ବିଜ୍ଞାପନ, ନିରଂଜନା ନଦୀ ତଟେ
ଲଭେ ଜଣେ ଆତ୍ମଜ୍ଞାନ, ବିଶ୍ୱଯୁଦ୍ଧ, ଶାଂତିଲତା ହତ୍ୟା ମକଦ୍ଦମା ।
ଟେଲିଫୋନ୍-ଏକ୍‌ସଚେଂଜର ଆଂଲୋଇଂଡିଆନ୍ ଝିଅ
କ୍ଳାଂତିରେ ଖବର ଅଛି, ମାରାତ୍ମକ ଭୀଷଣ ଖବର
ଯାହା ଏଇ ବିଜୁଳି ହେଇ ସ୍ଫୁରୁଛି ନଭୋମଂଡଳରେ
ଏବଂ କୁଦା ମାରୁଅଛି କଅଁଳା ବାଛୁରୀ ପରି ତାରରୁ ତାରକୁ ॥

ପୋଲ ତଳେ ସେଠି ସବୁ ଟାୟାର ପୋଡ଼ା ହେଉଛି
ଫୁର୍କୁଟିଆ ଗଂଧରେ ଜଳୁଛି ମୁହଁ, ବିଡ଼ି ପରି ଫିକା ମୁହଁ,
ପାଣିଚିଆ ମଲା ଆଖି, ହାଇ ମାରେ ଶୀତ
ମନରୁ ମନକୁ ଆଉ ହୃଦୟରୁ ହୃଦୟକୁ
ଶବ୍ଦ-ସେତୁ, ବସ୍ତୁ-ସେତୁ, ସ୍ମୃତି-ସେତୁ
ଭୀଷଣ ନିର୍ମାଣ କାମ, ରାସ୍ତାଘାଟ, ଗଳି, ରାଜପଥ ॥

ମୁଁ ଅଚଳ, ଅଥର୍ବ ଓ ପଙ୍ଗୁ ଏଠି
ଅଳସୁଆ ରବିବାର ପରି ଭାରି
ଓ ମୋର ଚେତନ ଏବଂ ଅଚେତନ ସମସ୍ତ କିଆରି
ବୁଡ଼ିଯାଏ; ଶୂନ୍ୟତାର ପାଣି ମାଡ଼େ, ନିଃସହାୟ ଅଂଧାରର ପାଣି
ଶବ୍ଦ ଓ ବସ୍ତୁ ସକଳ ହଜିଗଲେ
ମଂଦିରର ଓଦା ଓଦା ଶିଉଳି-ଲଗା ଅଂଧାର
ଚେମିଣିଆ ଡେଣା ଫଡ଼ ଫଡ଼ କରି ହଠାତ୍ ଉଡ଼ି ବସିଲେ
ଶେଷେ ମୋ ଗାଡ଼ି ଇଂଜିନ କ୍ଷୀଣ ଆଉ ଅସ୍ପଷ୍ଟ ଗୁଂଜନ ॥

ଭଲ ହେଲା ଏ ସହର ଏବେ ବି ବଂଚିଛି
ମହାପ୍ରଭୁ ତୁମରି କରୁଣା
ଅଂତତଃ ତ ଜଣେ କେହି ମତେ ଏଠି ଚିହ୍ନିପାରେ
କହିପାରେ ଦେଖ ଏଇ ସୀତାକାଂତ ମହାପାତ୍ର
ମଲାପରେ ତା' ପ୍ରିୟ ସହର ପଥେ
ପୁଣି ଆସି ବୁଲୁଅଛି ହେଇ ବାଟବଣା;
ତା' ଗାଡ଼ିରେ ଦେଖ ହେଇ କେମିତି ଜମା ହେଇଛି
ଅନେକ ଗ୍ରହ ଓ ତାରା, ଟିକି ଟିକି ଅସଂଖ୍ୟ ଖେଳଣା ।।

ଚକ ଘୂରେ ତୀବ୍ରତର-ରବର ଓ ଧାତୁ ଘୂରେ
ଗାଡ଼ି, ଘୋଡ଼ା, ଟ୍ରାମ୍, ବସ୍-ଭିଡ଼ ଜମେ ହୃଦୟର ଛକ
ସବୁ ଦଳିଦାଳି ଘୂରେ ସ୍ନାୟୁ, ମାଂସ ମନ-ରଥ-ଚକ
ମତେ କେବେ ଚୂନା କରି ମୋ ପ୍ରିୟ ରାଜଧାନୀର
ରଥ ଯାଏ ଆଗେ ବଢ଼ି, ଉଦାସୀନ ପୃଥିବୀର ଏ ରୁକୁଣା ରଥ ।।

ଅନେକ ଦେଶ ଓ କାଳ, ଅନେକ ସ୍ଥାନ-ସମୟ, ସ୍ମୃତି ସବୁ
ଏକାବେଳେ ଜମା ହେଲେ ଜଉପାଶେ
ଆକ୍‌ସିଡେଂଟ୍ ପରେ ସବୁ ଦେଖଣାହାରିଏ ଆସି
ଅଚାନକ, ଅହେତୁକ ଯେମିତି ଜୁଟଂତି
(ଖୁଦା ଜାଣେ, କୁଆଡୁ କୁଆଡୁ ଆସି)
ତୃତୀୟ ଶ୍ରେଣୀ ଡବାରେ ପଶିବାକୁ ଯାତ୍ରୀଙ୍କର ଭିଡ଼୍ ପରି
ଏଠି ସଭିଂକର ଦାବୀ, ଠେଲାପେଲା
ମୋ ଭିତରେ ବସି ସହରରୁ ଜଂଗଲକୁ ବୁଲିଯିବେ
ପିକ୍‌ନିକ୍, ବଣଭୋଜି, ମୁକତି-ସଂଧାନେ
ମୋ ମୃତ ହୃଦୟ-ଦାଢ଼େ ଧୀରେ ଭିଡ଼ ଜମେ ।।

ହେ ମୋର ପ୍ରିୟ ସହର, ହେ ମୋ ପ୍ରିୟ ରାଜଧାନୀ
ଶୀତରତୁ କଷ୍ଟ ଦିଏ, ହାଡ଼ଭାଂଗେ, ସମସ୍ତେ ଥରୁ ଅଛଂତି
ଦୁଇ ଲକ୍ଷ ପିଲା ତୋର କୁଂକୁରି କାଂକୁରି ।।

ଦୁଇ ଲକ୍ଷ ଭିନେ ଭିନେ ନୀରବତା, ନିଃସଂଗ ଶୂନ୍ୟତା
ଦୁଇ ଲକ୍ଷ ଅଲଗା ଅଲଗା ମୃତ୍ୟୁ
ସୂର୍ଯ୍ୟ-ଝଡ଼, ବହ୍ନିତାପ, କୃଷ୍ଣସୂର୍ଯ୍ୟ...ଶେଷେ ସୌରକେତୁ ॥

ପ୍ରତ୍ୟେକ ତା' ନିଜ ମୃତ୍ୟୁ ଚିହ୍ନି ରଖେ, ଜାଣି ରଖେ
ଷଟୀଦୁଛେଇଂକ ଦିନୁ, ଏଂତୁଡ଼ିଶାଳରୁ
ହେ ମୋର ପ୍ରିୟ ସହର, ହେ ମୋ ପ୍ରିୟ ରାଜଧାନୀ
ମୃତ ନକ୍ଷତ୍ର ମୁଁ ଆଜି ହଜିଯାଏ
ତମସାର ନିବିଡ଼ ସଂଗମେ
ପୋଛିଦେଇ ମୋ ଆଲୋକ ଝଲମଲ ତୋ ଆଖି-ହ୍ରଦରୁ ॥

ବର୍ଷା

ଆକାଶ ଓ ମେଘସବୁ ଭାଂଗିପଡ଼ି ଚୂନା ହେଲେ
ନଈ ପଠା ନୀରବତା ଚୂରି
ସେଠି ଚିତ୍ରୋତ୍ପଳା ବହେ
କବର ଓ ସମାଧିର କାଂଦୁରି ମୁହଁରେ ଲୁହ। ବାଟ ଚାଲେ ଏକା ଏକା
ଆକାଶର ମୁହାଁମୁହିଁ ମୁଇଁ ପଥଚାରୀ।।

ଓଲିପାଣିରେ ଭିଜୁଛି ମନ ମୋର
ଆତ୍ମା ମୋର ସଜ ଦୂବ ଘାସ
ଦେହର ଓଦା ଆଂବିଳା ଗଂଧ ଯାହା ମୁଁ ବାରୁଛି
ରାଗରେ କୁହୁଳି ଉଠେ ଭାବି କେତେ ଫଣା ଆଉ ବିଷ,
ପୃଥିବୀରେ, ଗରୁଡ଼ ମୁଁ କିନ୍ତୁ ହେବି ନାଇଁ
ସାପର ଚିକ୍‌କଣ ଦେହ, ଗୋଜ ମୁହଁ
ମୁଁ ତ କେବେ ଭୁଲି ପାରି ନାଇଁ।।

ଏଠାରେ ଘାତକ କିଏ ?
ଘାତକ ବି ବସାକରେ, ଘର ଗଢ଼େ
ଡିଂବ ପାରେ ଓ ଆକାଶ ଦେଖେ।।

ମୁଁ ଖାଲି ଯଦି ତୁମକୁ ଚାହିଁ ରହେ ହେ ପୃଥିବୀ
ବର୍ଷ ବର୍ଷ ଯୁଗ ଯୁଗ ଧରି
ଯେତିକି ଚଢ଼େଇ ଆଜି ମୋ ଭିତରେ ପକ୍ଷ ଝାଡ଼ି
ଦୂରକୁ ଯାଆଂତୁ। ମତେ ତୁମେ ଖାଲି କର
ବର୍ଷାଧାରା, ପବନ ଓ ଛାଇ
ସଂପର୍କର ସୀମାହୀନ ନଦୀ।।

ମୋତେ କର ସୋରିଷ ଫୁଲର ସୁନା
ଦେବଦାରୁ ଡାଳ ଆଉ ନରକୋଳି ପତ୍ର
କଅଁଳା ବାଛୁରୀ ନାଚ ଓଦା ହେଇ ଗାଁର ଦାଂଡରେ
ହଂସରାଳି ସ୍ଥିର ଦୀଘି ଜଳେ
ଦୋହଲିଲା ଗଛ ଛାଇ ଆକାଶର କାଂଦଣା ଲହରେ
ମୋତେ କର ସେଇ ଗୀତ ଯାହା ଡେଣା ମେଲେ
ମେଘଭିଜା ଅଳସ ସଂଜରେ ।।

କିଂବା ମୋତେ ସେଇ ଗୀତ, ସେଇ ହଂସରାଳି ଦିଅ
ମୁଁ ଖାଲି ଚିହ୍ନିବି ବସି ସେମାନଂକୁ
ସେନେହର ଭାଷ୍ୟ ନେବି ପଢ଼ି
ମତେ ତମେ ଭାଂଗିଦିଅ, ଚୂନା କର
ସବୁ ମୋର ଜ୍ଞାନ, ତା' ହେଲେ ବା
ବିଲ, ଗଛ, ଆକାଶ ଓ ତାରା
ସବୁକୁ ମୁଁ ଥରେ ହେଲେ ଜଳଜଳ ଦେଖିପାରେ
ରିମିଝିମି ଝରଝର ଏଇ ବରଷାରେ ।।

ଅବତାର

ଏକ

ଅଂଧାର କଟିଗଲାଣି। ଏବେ ଏ ବିଧବା ପୃଥ୍ୱୀ ଝାପ୍‌ସା ମହଲ
ତା'ର ଆଲୁଅ ପସରା ନେଇ ଶୁଣିଛି ମୋ କୁଆଁ କୁଆଁ ଶବ୍ଦ,
ଛାଇ ଓ ଆଲୁଅ ଯେତେ-ଅନେକ ପୁରୁଣା କଥା
ବୁଢ଼ିଆଣୀ ଜାଲ ପରି ଛଂଦିଦିଏ ତା'ର ସବୁ ଚିଂତା।।

ସେ ଜାଣିଛି କେତେ ବାଟ ଧମନୀରେ, ସ୍ନାୟୁ ତାରେ
ସ୍ୱପ୍ନରୁ ସ୍ମୃତିକୁ। ସେ ଜାଣିଛି ଯେ ଆମର
କ୍ଷମାହୀନ ନିଦାରୁଣ ପ୍ରତ୍ୟେକ ମୁହୂର୍ତ୍ତ ଆମକୁ ହଠାତ୍
ତା'ର ବୋଝ ତଳେ ଚାପିଦିଏ, ବଳିକୁ ଚାପିଲା ପରି
ମହାପ୍ରଭୁ ପାତାଳପୁରକୁ ଓ ସେଥିରୁ କଷ୍ଟେମଷ୍ଟେ
ନିଜକୁ ବଂଚାଇବାର ପଂଥା ହେଲା ଅନେଇବା
ଆଗକୁ ପଛକୁ। ଏକ ରୂପ ଆଗ ପଛ
ଖାଲି ଭେଦ ପ୍ରକାର ଓ ଗୁଣ।।

ଆମେ ପ୍ରତି ଲୋକ ଖାଲି ଆମେ ନୋହୁଁ - ଆମେ ଅନ୍ୟ ଲୋକ
ପ୍ରତ୍ୟେକ ପୃଥକ ସତ୍ତା ଭିନ୍ନ ଏକ ସତ୍ତା
ଏବଂ ଆମ ପ୍ରତିରୂପ ଖାଲି ପ୍ରତିରୂପ ନୁହେଁ;
ତେଣୁ ଯେତେ ଦିନ, ମାସ, ବର୍ଷର ମିଶାଣ କରି
କିଛି ଗୋଟେ ସୂତ୍ରରେ ପହୁଂଚା ଆଶା ଖାଲି ଯାହା
ଓଲ୍ଲୁର ବୋକଚାବୁହା। ମିଶାଣର ଫଳ କେବେ
ଠିକ୍ ହୁଏ ଯେତେବେଳେ ପ୍ରତ୍ୟେକ ସଂଖ୍ୟାର ମୂଲ୍ୟ
ଏବଂ ମାନ ଠିକ୍‌ରୂପେ ମାଲୁମ୍ ନ ଥାଏ ?

ଏକ, ଦୁଇ, ତିନି, ସାତ, ନଅ ଓ ତେର ଯେମିତି
ଗଣିଯାଏ ଅନାୟାସେ ମୋର କୁନି ଝିଅ, ନିର୍ଦ୍ଦିଷ୍ଟ
ଧାରଣା କିଂବା କ୍ରମ କେବେ ଚିହ୍ନ ନୁହେଁ ଜିଅଂତା ଅଂକର
ଏ ଯାତ୍ରାରେ ସତ ଖାଲି ଦୂରର ଅସ୍ପଷ୍ଟ ରେଖା
ଖାଲି ଏକ ସାଧାରଣ ମୋଟାମୋଟି ଅନିର୍ଦ୍ଦିଷ୍ଟ
ଅସଂଲଗ୍ନ ଧାରଣାର ସୁଅ-ଲୁଣିଆ ଲୁହ ଟୋପାଏ
ଚଟ୍‌କିନି ବୋହି ଆସି ଆଖିର ଏଂଡୁଡ଼ିଶାଲୁ ନିଜକୁ
ହଜାଏ ଯେମ୍‌ତି ପାଟିର ଶ୍ମଶାନେ; କେତେଥର
ମୁଁ ନିଜର ଓ ଅନ୍ୟର ଦୃଶ୍ୟମାନ ଲୁହଧାର ଓ ଅଦୃଶ୍ୟ
ଲୁହ ଦେଖି ମୋଟେ ଜାଣିପାରି ନାଇଁ ସେ ଲୁହ
ଆଗଦିନର ନା ବାସି ସ୍ମୃତିର। ସିଏ ଯାହାହେଉ
ମୁଁ କିଂତୁ ଦେଖି ପାରିଛି ସେ ଲୁହର ଦୁଇ ଭିନ୍ନ
ରୂପ। ସମସ୍ତିଂକ ଅବଗତି ପାଇଁ ତେଣୁ ଠିକେ ଠିକେ
ଦି' କଥା କହୁଛି।।

ଦୁଇ

ବେଳେ ବେଳେ ସମୟର ଝରଣାର କୁଳୁକୁଳୁ ଧ୍ୱନି
ଶୁଣୁ ଶୁଣୁ ଅଲକ୍ଷିତେ ନିଦ ଆସେ ଗଡ଼ଘାଲି
ତରଂଗ ଦାଢ଼ର ସାବ୍‌ଜା ଘାସ ମସିଣାରେ। ଚଉପାଶେ
ଆଉଟା ସୁନାର ଖରା ଓ ସ୍ୱପ୍ନରେ ସଂଗୀତ, ଘାସ
ଓ ମୋର ମନ ଓ ହୃଦୟ। ସବୁ ଘୂରେ ଘିର୍ ଘିର୍
ଝରଣାର ଘୂର୍ଣ୍ଣି ବୁକେ ପ୍ରଥମ ଲଗ୍ନର। ସେ
ଘୂର୍ଣ୍ଣିରେ ବୁଣିଛି ମୁଁ ଅନେକ ଡାଆଣୀ ଦାଂତ
କଳା ମଚମଚ ଭୂତ ଅଗ୍ନି-ଆଖି, ମୃତ ଯେତେ
ଦେବତାଂକ ଚିଲମ, କଠୋଉ। ତା' ଫଳରେ
ଆଶାହୀନ ନିଦାରୁଣ ପ୍ରତିଟି ମୁହୂର୍ତ୍ତ, ପ୍ରତି ଘଂଟା
ବର୍ଷ, ମାସ, ଦିନ, ଦଂଡ ପଳ ଚଳୁଛଂତି ଦାଉ ଦାଉ

ସତେ ଅବା ଅସଂଖ୍ୟ ମାର୍ତ୍ତଂଡ ଓ ସେଇ
ଅଗ୍ନିଶିଖାରୁ ମୁଁ ଆହରେ ଆଲୋକ, ଉତ୍ତାପ
ସେକି ଦିଏ ନିଆଁ ଧାସେ ଶୀତ-କ୍ଲିଷ୍ଟ, ରୁଗ୍ଣ
ଦେହ ମନ। ସ୍ୱପ୍ନର ଅଗ୍ନିରେ ଜଳେ, ଆଶା
ଆଉ କାମନାର ଦାବାନଳେ, ଅଶ୍ରୁର ସ୍ଫୁଲିଂଗେ
ଏ ଦେହ ଓ ମନ-କୁଂଜେ, ହୃଦୟର ଗୁପ୍ତ ବୃନ୍ଦାବନ॥

ହେଇପାରେ ତମେ କେବେ ଦେଖିନାହଁ ଲୁହର
ଉତ୍ତାପ; ଦେଖିନାହଁ କେତେ ତାତି ଜନ୍ମଟିଏ
ଏକ ବିଂଦୁ ଲୁହ; କେତେ ସ୍ୱପ୍ନ କେତେ ଉହଡହ
ଆଶା ଉପୁଜାଏ ଛୋଟ ଏକ କୋହ॥

ତିନି

ପୁଣି ମୁଁ ଦେଖିଛି କେତେ ବରଫ-ଶୀତଳ ରାତି
ରଣିଫୁଲ ଜହ୍ନ। ଆକାଶର କାଳିମାରେ ବୁଂଦାଏ
ବୁଂଦାଏ ସ୍ମୃତି ତାରାଫୁଲ। ବଗିଚାର ଗହନ
ଅଂଧାରେ ନୂଆବୋହୂ ରଜନୀଗଂଧାର ମୁହଁ॥

କେତେ ଲୋକ ଚାହିଁଛଂତି ବାସି ଦିନ ଆଡ଼େ;
ପାହାଡ଼, ଡଂଗର, ବଣ, ବିଲ, ହିଡ଼, ଜନପଦ
ସମସ୍ତ ଦିଗ ଓ କୋଣ ଏ ମନର-ସବୁ ଏକ
ଅବିନ୍ୟସ୍ତ ସ୍ଫଟିକ ଜଂଗଲ। ବ୍ୟାକୁଳ
ପରାଣ ନେଇ ଖୋଜି ଖୋଜି ଅଂଡାଳି ଅଂଡାଳି
ଦେଖେ ଯେତେ ମୃତାହତ ଘଂଟା ଆଉ
ମିନିଟ୍‌ର ଦେହ, ଟିକି ଟିକି ସଂଖ୍ୟାହୀନ ସ୍ଫଟିକ ମାର୍ବଲ॥

ମୋ ଆଖିରେ ଜକଜକ ଭୟଂକର ଥଂଡା ଲୁହ ଟୋପା,
ସଭିଂକୁ ଅପରିଚିତ, କିଂତୁ ମୋତେ ନୁହଇ ଅଛପା॥

ନଈ ମୁହାଣ

କାଂଦନା ପାଗଳି ପରି, ମଥା ପିଟି ବାଳ ମୁକୁଳେଇ
କଇଁ କଇଁ ହୋଇ ଆଉ କାଂଦନା ଲୋ ବୋଉ ମୋର
ଅଂଧୁଣୀ ସମୁଦ୍ର। ସାକ୍ଷୀ ରଖି ଅନ୍ତରୀକ୍ଷ
ଗ୍ରହ, ତାରା, ନିସ୍ତବ୍ଧ ପବନ। ତୋ ବିଶିକେଶନ
ଏଇ ଫେରୁଅଛି ଲହରୀର ଦାଢ଼େ କାଟି
ବାଲି, ମାଟି ଯୋଜନ ଯୋଜନ॥

ଅଂଧାରର ଶୂନ୍ୟ ଆକାଶରେ ତୋର ଆଖି ଖୋସି
କାଂଦନା ମୋ ମାଆ ପରା, ମେଲା ଦାଂଡ ଘରେ ବସି
ଏରୁଂଡିରେ ଆଂଠୁ ରଖି; ଦୀପରୁଖା ଉପରର
ପିଲିସଜେ ଶତସ୍ମୃତି ମଲାବତି ମିଛଟାରେ ଜାଳି
ତୋ ପୁଅ ଆସୁଛି ଫେରି, ପିଠିରେ ବୋକଚା ଆଉ
ହାତରେ ଲଣ୍ଠନ ଧରି ଲହରୀ-ଡଂଗାରେ ବସି
ତଳକୁ ମୁହଁକୁ ପୋତି ହାଟରୁ ବାହୁଡ଼ି॥

ତୋର ନିଶ୍ଚେ ଭୟ ହେଲା,
କାହା ବୋଲେ ଗଲା ପୁତ୍ର ବାହୁଡ଼ି ନଇଲା
ଲୁହ ଆଉ ଦୀର୍ଘଶ୍ୱାସ ଦେବି ମୁଁ କାହାକୁ
ହଜିଲା ଦରବ ଖୋଜି ମୋ ବିଶିକେଶନ ଗଲା
ସମତଳ ଭୂମି ଆଉ ନଗ୍ର, ଗ୍ରାମ,
ନିଛାଟିଆ ବଣ, ବିଲ, ମରୁଭୂମି ପଥର ଗୁହାକୁ
ଆଉ ଏଠି ରାତି ଯାଇ ଦିନ ହେଲା
ଦିନ ଯାଇଁ ପୁଣି ହେଲା ରାତି
ନିଆଁ ଝୁଲ ପରି କେବେ ହେମାଳ ନକ୍ଷତ୍ର ସବୁ
ନିଭିଗଲେ ଶୂନ୍ୟତାର ଥଂଡା ଉହ୍ଲେଇରେ
ମୋଟା କୁହୁଡ଼ି ଚାଦର ଜାକିଜୁକି ଘୋଡ଼ି ହୋଇ

ତିମି ମାଛ, ଶାମୁକା ଓ ଗେଂଡାଦଳ ଯାଂଚ କରି
ପୁଣି କେବେ ଉଦେହେଲେ ଦେବ ଦିବାକର
ଆଖି ମଳି ବିରକ୍ତିରେ; ମହାରୋଷଭରେ ॥

ଆଉ ତୋ ବିଶିକେଶନ କ'ଣ ଅବା ଖୋଜୁଥିଲା ?
ଶବ୍ଦ ଓ ଅର୍ଥର ଯେତେ କ୍ଷୀଣ ନଈକୂଳ,
ତା' ଭିତରେ ବାଲି ବଂଧ,
ସାମାନ୍ୟ ସଂପର୍କ ସ୍ଥାପି କାର୍ଯ୍ୟ କାରଣର
ସ୍ନାନ ସାରି ନିଜସ୍ୱ ଅନୁଭୂତିର ନିଭୃତ ନିଆଁରେ
(ଅବଶ୍ୟ ଯମ ଦେବତା, ଏଣୁତେଣୁ ଗୁରେଇ ତୁରେଇ
ନୂଆ ଓକିଲଂକ ପରି ନାନା ଉପଲ୍ୟକ୍ଷ ଦେଇ
ମିଛଟାରେ ଛୋଟପିଲା, ସରଳ ବିଶ୍ୱାସୀ ସେଇ ନଚିକେତା ଆଗେ
ସେଇ କଥା ବଖାଣିଲେ ବାରଆଡୁ ଫେଣେଇ ଫେଣେଇ)
କଥା, ଯାହା ଜନମ ଓ ମରଣର ଟିକି ପିଲାଖେଳ,
ହାଲ୍‌କା ହେଲେ ଦେହ ମନ ଆକାଶକୁ ବାଂଫ ହେଇ
ଉଠିଯାଏ। ସାଇଁ ସାଇଁ ଘୂରି ବୁଲି ଏଣେ ତେଣେ
ଭାଗାବଂଡ୍ ପରି, ପୁଣି କେବେ ପାହାଡ଼ରେ ମାଡ଼ ଖାଇ
ତଳେ ପଡ଼ି ବାଲିଶେଯେ ଶୁଏ ॥

ସବୁ ତେଣୁ ନିଜ ପାଣି (ଯଦିବା ସେ ପାଣି ହୁଏ ସଂଜ୍ଞାଭେଦେ
ଅନ୍ୟ ଲୋକ ପାଣି)। ସବୁ ପାଣି ଜ୍ୱଳନର ହୁତାଶନ
ଅଶ୍ରୁ-ପ୍ଲାବନର ମିଶାମିଶି ପ୍ରତିରୂପ
ବସ୍ତୁ ଓ ଘଟଣାହୀନ ଅଂଧାରର ସ୍ତୂପ
ସମସ୍ତ ମୁହୂର୍ତ୍ତ ସଦା ବର୍ତ୍ତମାନ, ମୁକ୍ତିହୀନ ଘନ ଅଂଧକୂପ ॥

ତେଣୁ ଯେତେ ଗଲା କାଲି
ସବୁ ସ୍ମୃତି ଆଜି ଦିନଟିର
ସମସ୍ତ ଆସଂତା କାଲି ଆଜିଟିର ସପନ ସଂଭାର ॥

ତେଣୁ ମୃତ୍ୟୁ କିଛି ନୁହେଁ
ବେଶ୍ ଖାଲି ପବନରେ ଫୁଂଗୁଲା ଦେହରେ ତମେ ଛିଡ଼ା ହୁଅ
ଏବଂ ଏଣେତେଣେ ଭାସି ମିଶିଯାଅ ନୀଳିମାର ଘଂଚ ବିସ୍ତୃତିରେ
କିଂବା ଧୀରେ ଧୀରେ ଯାଅ କରକା ପରି ମିଳେଇ
ନିଃଶବଦେ, ଚକଚକ ସୂର୍ଯ୍ୟ-କିରଣରେ ।।

ବୋକଚାରେ ଏଇମିତି ଅର୍ଥହୀନ, ଅଭିଜ୍ଞାନ, ମୋଟା ଭାଷ୍ୟ
ସିଲଟ୍, ବସ୍ତାନି, ଖଡ଼ି, ଦିଆସିଲି, ପନିକଂଠିମାଳ
ଆଜି ମୋର ମନେପଡ଼େ, ହସ ଲାଗେ
ଯୋଉଦିନ ବେତର ଡରେ ଘୋଷିଲି
କୁକ୍‌କୁଟ ମୁଂଡେ ଅଛି ଚୂଳ
ମାଟି ଭିତରେ ବୃକ୍ଷ ମୂଳ ।

ଯୋଜନ ଯୋଜନ ଧରି ଅଂଧକାର
ଲୁହା ଆଉ ପଥରଠୁଁ ଟାଣ
ଦେଢଫୁଟ ବ୍ୟାସାର୍ଦ୍ଧରେ ଜିକିଜିକି ଏ ଆଲୁଅ
ନିଭିଲା କି ନ ନିଭିଲା ତୋ ପୁଅ ଲଣ୍ଠନ,
ତରଂଗ ଡଂଗାରେ ଏଠି ମୁମୂର୍ଷୁ ଯେତେ ପଝାରୀ
ମୂଷାମାଟି ଶଣଶଣ ମଂଗତଳେ ରୁଷି ଶୋଇଛନ୍ତି
ମହର୍ଷି ଚାର୍ବାକ୍ ଏବଂ ବୁଦ୍ଧଦେବ, ଯୀଶୁଖ୍ରୀଷ୍ଟ
ଭଲକରି ଦେଖ ମୋର ଭ୍ରାତାଂକ ବଦନ ।।

ବୋଉ ଲୋ ତୁ ଭଲ କଲୁ ଶଂଖାସୁର ନିଜ ପେଟେ ରଖି
ଚାରିବେଦ ବୁକୁଚାରେ ବ୍ରହ୍ମା ଯାହା ବାଂଧି ବୁଲୁଥିଲେ
ଠିକ୍ ଏଇ ମୋରି ପରି, ବସ୍‌ଷ୍ଟାଂଡ୍ ଫେରିବାଲା ପରି
ଗଳା ସରୁ ମୋଟ କରି ରଡ଼ି ରଡ଼ି
ପାନିଆ, ସିଂଦୂର, ଫିତା, ଦାଂତଖୁଣ୍ଟା, ଅମର-ଜୁମର
ସେଥିରୁ ମିଳିଲା ମୁକ୍ତି

ଜିକିଜିକି ଆଲୁଅ ଓ ଜାଂଗୁଲୁ ଜାଂଗୁଲୁ ଯେତେ
ବୁଢ଼ିଆଣୀ ଜାଲ ପରି ଆତ୍ମଜ୍ଞାନ ବେଦନାରୁ
ତ୍ରାହି କରେ ଯେଉଁଥିରୁ
ତୋ ମାଁ-ସେନେହ, ଘନ ଆତ୍ମୀୟ ଅଂଧାର ।।

ଆଜି ତେଣୁ ଶେଷ ମୋର ସ୍ମୃତି ଆଉ ସପନର ଅସଂଖ୍ୟ ସରଣୀ
ବସ୍ତୁ ନାମ ଧାମ ଆଉ ଘଟଣା ଓ ଦେଶକାଳପାତ୍ର
ଘାଟ ଡଂଗା, ବେଳ ଯେବେ ରତ ରତ, ଆହୁଲା ଓ ମାଝି ଗୀତ
ବାଲିଖେଳ, ଦୀପଦାନ, ଭଂଗାକାଚ ଛିଂଡା କଂଥା ଅନେକ କାହାଣୀ
ଅନେକ ମୃତ ପୃଥିବୀ । ମୃତ ବହୁ ବିଂବ ଓ ପ୍ରତୀକ
ନିର୍ବାପିତ ବହୁ ସ୍ମୃତି, ସ୍ୱପ୍ନ ସବୁ ଯିଏ ମଲେ
ମୁହୂର୍ତ୍ତର ସିଂହାସନେ ନ ହେଉଣୁ କ୍ଳାଂତ ଅଭିଷେକ ।।

ଏଠି ତେଣୁ ଭଲଲାଗେ ଝାଉଁଗଛ ଅସ୍ପଷ୍ଟ କାନ୍ଦଣା
ପାତଳ କୁହୁଡ଼ି ସିଡ଼ି ଫଳିରେ ପାଦ ପକେଇ
ସଂଜ ଯେବେ ଓହ୍ଲାଉଛି ଆକାଶରୁ ହୋଇ ବାଟବଣା,
ଏଠି ଆଜି ଭଲଲାଗେ ପାଲିସ୍, ମସୃଣ ଏଇ କାଦୁଅରେ
ତୋଫାଧଳା ଓ ଧୂସର ପକ୍ଷୀର ମୁରୁଜ
ଜୁଆର ଯାଉଛି ଛାଡ଼ି
ଛାଡ଼ିଦେଇ ଶାମୁକା ଗେଂଡାମାନଂକୁ ବାଲି ପଂକ ହତାଶାରେ
ଆକାଶରେ ବଉଦର ନାନାଜାତି ରଂଗ ଓ ପହିଜ ।।

ବାସ୍ ଆଉ ଟିକକରେ ଲୁଣିପାଣି ଧୁଆ ଏଇ ଶିଉଳି ଓ କାଦୁଅରେ
ତାରାସବୁ ବିଂଚି ହୋଇଯିବେ
ଭାଂଗିଯିବ ଗୁଆଁର ଓ ବନି ଡାଳେ ପକ୍ଷୀଙ୍କର ହାଟ
ବିଂଚି ହେଇ ହଜିଯିବ ଲଣ୍ଠନର ମୁମୂର୍ଷୁ ଆଲୁଅ ଆଉ
ପନିକଂଠି, ଚକ୍‌ଖଡ଼ି, ଦିଆସିଲି, ବସ୍ତାନି, ସିଲଟ୍ ।।

ବୋଉଲୋ କାଂଦନା ଆଉ ଅଛିଂଡା ଅଂକ ପଚାରି
ଆଶା ରଖି ମିଛେ ଉତ୍ତରର । କଇଁ କଇଁ ହେଇ ଆଉ
କାଂଦନା ପାଗଳି ମୋର ଅଂଧୁଣୀ ସମୁଦ୍ର
ସାକ୍ଷୀ ରଖି ନୀରବ ଏ ଅନ୍ତରୀକ୍ଷ, ଗ୍ରହ, ତାରା, ଅଥୟ ପବନ
ତୋ ବିଶିକେଶନ ଏଇ ଲେଉଟାଣି ଆସୁଛି ଘରକୁ
ତୋ ପାଇଁ ଉତ୍ତର ଖୋଜି, ହାଟସାରା ବୁଲି ବୁଲି
ବାଲି ଓ ଅଂଗାର ଡେଇଁ ଯୋଜନ ଯୋଜନ ॥

ସ୍ଥିର ତରଂଗ

(୰ ଚିତ୍ରଶିଳ୍ପୀ ବି. ବର୍ମାଂକ ପାଇଁ)

ପାଣି ଚହଲିଛି, ଢେଉ ଉଠିଛି
ଓ ତରଂଗ ପୁଣି ହୋଇଛି ସ୍ଥିର।
ଜ୍ୟେଷ୍ଠର ଅସରା ଅପରାହ୍ଣର ଧୂଳିଝଡ଼ରେ,
ଶ୍ରାବଣର ଉଦାସ ସଂଜର ବାରିଧାରାରେ
ଓ ମଗୁଶିରର ଆଉଟା ସୁନାର ସୋରିଷ ଫୁଲରେ
ଶୋଇ ଶୋଇ ମୁଁ ସ୍ୱପ୍ନ ଦେଖିଛି
ଅସ୍ଥିର ମୋର ମନ ଓ ଇନ୍ଦ୍ରିୟ ସ୍ୱପ୍ନ ଦେଖିଛନ୍ତି
ତରଂଗ ସ୍ଥିର ହୋଇଛି
ଓ ଡିମିରି ଗଛରେ ଫୁଲ ଫୁଟିଛି।।

ରେଖା, ରଂଗ, ରୂପ ଓ ତୂଳୀ
ବର୍ଷା, କାକର, ଘାସ ଓ ଫୁଲକୁ
ନିମନ୍ତ୍ରଣ କରି ଡାକି ଆଣିଛନ୍ତି
ଏବଂ ସେମାନେ ଧୀରେ ଧୀରେ ପାଦ ପକାଇ ଆସି
ମୋ ସ୍ୱପ୍ନ ଓ ସତ୍ତାକୁ ଘେରି ବସିଛନ୍ତି
ମଲା ମଣିଷର ଚାରିପାଖରେ ଭାଇବନ୍ଧୁ କୁଟୁବଂକ ପରି
ଚିହ୍ନା, ଅଚିହ୍ନା ରୂପ, ରସ, ଗନ୍ଧ ଓ ଶବ୍ଦ
ସବୁ ପାଚୁଛନ୍ତି
ସବୁଜରୁ ପୀତାଭ ଓ ଲାଲ
ଓ ସେମାନଙ୍କ ସହିତ ଡିମିରି ଫୁଲର ଫଳ ସବୁ ପାଚୁଛି।।

ରେଖାର ଜ୍ୟାମିତି ଡାକି ଆଣିଛି
ଦେହର ମସୃଣ ଶଂଖର ସ୍ଥାପତ୍ୟ
ଓ ବ୍ରୀଡ଼ାବତୀ ଲତାର ସର୍ପିଳ ଠାଣି

ଶୂନ୍ୟଘଟର ଜଳତୃଷ୍ଣା ଓ ଦେହ ମନର ଅସ୍ଥିର ତରଂଗ;
ବଜ୍ର ନିନାଦ ଓ ରଂଗର ବିସ୍ଫୋରଣରେ ଡିମିରି ଫଳ ଝରି ପଡ଼ିଛି ।।

ତରଂଗ ପୁଣି ହୋଇଛି ସ୍ଥିର,
ସ୍ମୃତି ରହିଛି-କଥା ରହିଛି

ରେଖା ଓ ରଂଗ କେବେ ଡାକି ଆଣିଥିଲେ
ନଟରାଜ, ତଥାଗତ, ନିର୍ବାଣ ଓ ବୋଧିସତ୍ତ୍ୱକୁ
ଅସ୍ଥିରର ପରିଧିରେ ସ୍ଥିର ଶାନ୍ତ ମୂର୍ତ୍ତିକୁ
ଯାହା ଡିମିରି ଫୁଲ ପରି ଫୁଟିଛି, ଫଳିଛି ଓ ଝରିଛି ।।

ହୋଇପାରେ-
ଡିମିରି ଗଛରେ କେବେ ଫୁଲ ଧରି ନ ଥିଲା ।।

ଶବ୍ଦର ଆକାଶ

ଏକ

ମାଟି ଚଟାଣ ଉପରେ ନୂଆ ପଢ଼ା ପିଲାଙ୍କର
ଖଡ଼ି ଗୋଟାଳିରେ ଗଢ଼ା 'ବ୍ରହ୍ମା, ବିଷ୍ଣୁ, ଆଉ ମହେଶ୍ୱର'
ସିଲଟରେ ଗାରିଆ ମାରିଆ ରୂପ
'ମା, ରମା, ରମାର, ରବର',
ମୁଁ ଦେଖୁଛି ସେଇପରି ଆକାଶର ତରବର ଅସଂଖ୍ୟ ସ୍ୱାକ୍ଷର
ସବୁଥିରେ, ସବୁ ବସ୍ତୁ, ସବୁ ଧ୍ୟାନ, ସବୁ ଧାରଣାରେ ।।

ଶତେକ ଜଳଘଟରେ
(ଜଗନ୍ନାଥ ଦାଶେ ବୋଧେ କହିଥିଲେ
ଶତେକ ଜଳଘଟ ଥୋଇ । ଚାହିଁଲେ ଆକାଶ ଦିଶଇ ?)
ରାସ୍ତାକଡ଼ କଫିରଂଗ ଖୋଜକ ପାଣିରେ
ରଂଗହୀନ ଦୁଃଖ ଆଉ ନିଦୁଆ ସୁଖରେ
କୁଷ୍ଠରୋଗୀ ବ୍ୟାଂଡେଜ୍ ଓ ଚକାଡୋଳା ନିର୍ଲିପ୍ତ ଆଖିରେ ।।

ବିଜୁଳି ପରାୟେ ଯାହା ମହାକାଳ କଳା ବଉଦରେ
ଜଳୁଛି, ଲିଭୁଛି
ପଢ଼ିବା ସମ୍ଭବ ନୁହେଁ ସାଂକେତିକ ସେଇ ଭାଷା
ଦରଲିଭା ଅକ୍ଷରରେ ଅଂଧ-ପଥରରେ ।।

ବିଚିତ୍ର ହରଫ ଏକା
ହାଇରୋଗ୍ଲିଫ୍, ଇନ୍‌କା ବା ଆଜ୍‌ଟେକ୍
ଅଥବା ହାତୀଗୁଂଫାର ଦରଲିଭା ପ୍ରତିମା ସଂକେତ
ପ୍ରଥମ ପାହାଡ଼ ଗୁଂଫା କାଂଥରେ ଉତ୍‌କୀର୍ଣ୍ଣ ଯେତେ
ଶିକାର ଓ ପଶୁହତ୍ୟା, ବିଦ୍ୱେଷର ଛବି

ରାତିଦିନ ମୋ କାନରେ ସେ ନୀଳ ଆକାଶ-ଗୀତ
ସେ ଗୁଂଫାର ଦରଭୁଲା କରୁଣ ପୂରବୀ
ହୋଇଅଛି ଗୁଂଜରିତ
ଅସଂଖ୍ୟ ଭୈରବୀ ରଢ଼ି, ହାଟ ଦିନ ଘୋ ଘୋ, ଠେଲାପେଲା
କରି ପରାଜିତ ॥

ଦୁଇ

ଶବ୍‌ଦର ଆକାଶ,
ନୀଳ ନୀଳ ଶବ୍‌ଦର ଆକାଶ
ଶବ୍‌ଦ କେବେ ନୀଳ, କେବେ ଧୂସର ଓ
ପୁଣି କେବେ ପିଂଗଳ, ଲୋହିତ
ଇସ୍‌ପାତ, ପିତଳ, ତଂବା,
ରଂଗିନ ରୈଖିକ ସେଇ ଚିତ୍ରପଟେ
ମୋ ମାନସ, ପୃଥିବୀର ପୁରାତନ ପ୍ରାଣ
ଉତ୍‌କୀର୍ଣ୍ଣ ! ଉତ୍‌କୀର୍ଣ୍ଣ ! ! ॥

ଆକାଶ ଉପକୂଳର ସେ ପ୍ରଥମ ବାକ୍ୟ
ସେ ବାକ୍ୟର ଶବ୍‌ଦାବଳୀ
ଅନୁପ୍ରାସ, ଯତିପାତ ଓ ଯମକ
ଅଧେ ଆଜି ମନେ ପଡୁନାହିଁ ।
କର୍ମଫଳ, ଯଦୃଚ୍ଛା, ନିୟତି
ଅଛି ଖାଲି ଦରଲିଭା ପ୍ରଥମ ସ୍ୱାକ୍ଷର
ଆଉ ପ୍ରଥମ ଶବ୍‌ଦର ସେଇ ବିନଷ୍ଟ ବିରତି ॥

ତିନି

ହେ ମୋର ନୀଳ ଆକାଶ, ଧୂସର ପ୍ରତୀତି
ହେ ଆହତ, ବିଖଂଡିତ ମୋ ହୃଦୟ ନୀଳିମ ଦୋସର

ତୁମ ଲୁହେ ତୁମର ସେ କ୍ଷତ ଦେଇ
ଯାହା କିଛି ବୁଝାମଣା ଅବୋଧ ପୃଥିବୀ
ସମୟର ଷଡ଼ଯଂତ୍ର ଶବ୍ଦହୀନ, ପ୍ରତିଧ୍ୱନିହୀନ
ଅସୀମ ବ୍ୟାପ୍ତିର ବ୍ୟୂହ ରୂପହୀନ, ଗଂଧ ବର୍ଣ୍ଣହୀନ
ସବୁ ଭେଦ କରି ଏକା ତମେ ପ୍ରତିଭାତ ॥

ହୋଇପାରେ ଛାମୁଦଂତହୀନା ଏକ ସୁଶ୍ରୀ ଷୋଡ଼ଶୀର
ସ୍ମୃତି ପରି ଖାପଛଡ଼ା, ଅସୁସ୍ଥ, କରୁଣ
ଯେତେ ସ୍ମୃତି, ଯେତେ ସ୍ୱପ୍ନ
ଯେତେ ଯିବା ଆସିବାର ବାଟ
ସବୁ ତୁମ ଅଯାଚିତ ଦାନ ॥

ସୁତରାଂ ତମ ପାଇଁ ଏ ମୋର କବିତା
ଯେଣୁ ଯାକୁ ଜନ୍ମ ଦେଲା
ତମ ମ୍ଳାନ ଜରାୟରୁ ସୌମ୍ୟ ନୀରବତା
ଗଢ଼ିବାକୁ ମାୟା ସୀତା ମୋତେ ଚିହ୍ନିବାକୁ
ନୀଳ-ଧୂସର ରେଖାର ଦୃପ୍ତ ନୀରବତା ॥

ବିଦୂଷକ

ସିଏ ଭୁଲିଗଲା ଦୁଇଦୁଣେ ଚାରି କିଂବା ନଅ
ସିଏ ଭୁଲିଗଲା ଯେ ସରଳରେଖା ହେଉଛି ସେଇ
ଯାହା ଦୁଇଟି ବିଂଦୁ ଭିତରେ ନିକଟତମ ଦୂରତ୍ୱ
ପ୍ରଜାପତିର ଡେଣାରେ ସେ ଚିତାବାଘର ପଟା ପଟା ଦେଖିଲା
ଆଉ ହସିବା କଥାରେ ଠକ୍ ଠକ୍ ଲୁହ ଝାରି
କାଂଦିବା କଥାରେ ପେଁ ପେଁ ହସିଲା ।।

ମୁଂଡରେ ଅଦ୍‌ଭୂତ ଟୋପି-ତା' ଉପରେ ଶିଂଗ
ଶିଂଗରେ ପୁଷ୍ପିତ ଲତା, ମୁହଁସାରା ନାନା ଜାତି ରଂଗ
ଛତା, ଜୋତା, ଛିଟ ଜାମା, ଗଧ ପରେ ବସି
ଉଦେ ହେଲେ ସତେ ପୂର୍ଣ୍ଣଶଶୀ ।।

ଗ୍ୟାଲେରୀର ପାହାଚ ପରେ ପାହାଚ ବୁଡ଼ିଯାଏ
ହସର ନଈବଢ଼ିରେ, ଫେଣ ଆଉ ଗୋଳିଆ ପାଣିରେ
ଆଲୁଅରେ ସିଏ ଖାଲି ଅଂଡାଳି ଅଂଡାଳି ଅଥା
ବେଦନାର ଭଂଗାତୁଟା ଖେଳଣା ଓ ମାଟିଘର
ତୀକ୍ଷ୍ଣ ନଖେ ନିଜର ଲୁହ ଓଟାରି
ହସତଳେ ଦୀର୍ଘଶ୍ୱାସ ଖୋଜି
ଖୋଜି ଖୋଜି ନିଷ୍କରୁଣ ମୁହୂର୍ତ୍ତର ଧଇଁପେଲା
ଯାହା ଏଠି ପାଣିଚିଆ ଆଖିତଳେ ସତେ ଗଲା ହଜି ! ।।

ମନେ ପଡ଼ି ମନେପଡ଼େ ନାହିଁ ।।

ଗ୍ରାଫ୍‌ରେ ଦେଶର ସ୍ଥିତି, ଚିକଣିଆ ସ୍କୁଲର ଗ୍ଲୋବରେ
ଭଂଗା ସିଲଟରେ ଯେତେ ବ୍ରହ୍ମା, ବିଷ୍ଣୁ, ମହେଶ୍ୱର
ଏବଂ ପ୍ରତି ମୁହୂର୍ତ୍ତରେ ଗଂଧ ଓ ଗଢ଼ଣ
ସମୁଦ୍ରର କିନାରାରେ ଭଂଗାରୁଜା ଶାମୁକାର ବଣ ।।

ହସିବା କାନ୍ଦିବା ତେଣୁ ଏକାକଥା;
ଅଘଟଣ ଏଇମିତି ଘଟେ
ଯେ ସମୟ ଆକାଶରେ ସୂର୍ଯ୍ୟ ଦୀପ ହୋଇ ଜଳେ
ସେଇ ଏକା ସମୟ ବି ସେଇ ଏକ ମୁହୂର୍ତ୍ତରେ
ବହଳିଆ ଅଂଧାରର ରୂପ ନେଇ
ସବୁ ସ୍ଥିତି ଓ ଦୂରତା ମାଛିଙ୍କୁ ପେଟରେ ଭରି
ସଂତୋଷରେ ବସି ବସି ଖାଲି ହାଇମାରେ ।।

ସେ ବି ଖାଲି ଦେଖିବାରେ ଯେତିକି ଫରକ ।
ଯେମିତି ଯେଉଁ ତାରାଟି ରାତିର ଅଂଧାରେ ଉଏଁ
ଦୀପପରି ଦପ ଦପ ପଶ୍ଚିମ ଆକାଶେ
ସେ ଶୀତଳ ଆଲୁଅରେ ଗାଧୋଇଲା ପରି ଦିଶେ ଆମକୁ ଦୂରରୁ
କିନ୍ତୁ ସିଏ ଜଳୁଥାଏ ସେତେବେଳେ ହା-ହୁତାଶେ
ଅୟୁତ ସୂର୍ଯ୍ୟର ତାପେ ଏକୁଟିଆ ଦ୍ୱିପ୍ରହର
ନିଛାଟିଆ ଅଂତରୀକ୍ଷ କ୍ଲାଂତ ଅଗଣାରେ ।।

ତେଣୁ ଠିକ୍ ନିକଟରୁ ନିକୁଟେଇ ଜିନିଷ ଦେଖିବା
ତେଜାପ୍ରରେ, କଷଟିରେ ଗାର କାଟି ସ୍ୱରୂପ ବୁଝିବା
ଗୁନିଆ, କଂପାସ ଆଉ ମାନଚିତ୍ର ଫିଂଗି ଦେଲା ପରେ
ଖରାର ପ୍ରଜ୍ୱଳନରେ ହାଡ଼ଭଂଗା ଶୀତ ରୂପେ ଦିଶେ
ହସର ଲହରୀ ଭେଦି ଖେଂଟା ଥୁଂଟା ଖପୁରୀର ଦଂତପଂତି ହସେ ।।

ସେ ହୁଏତ ଜାଣିଥିଲା ।।

ତେଣୁ ସିଏ ଭୁଲିଗଲା ସୂର୍ଯ୍ୟ ଉଏଁ ପୂର୍ବ ବା ଦକ୍ଷିଣେ
କାହିଁକି ପବନ ବହେ, ଗଛପତ୍ର କାକରରେ ଥରେ
କାହିଁକି ଶିଶୁ ଦରୋଟି ବୁଢ଼ାର ଆଖିରେ ଦିଏ ଲୁହବିଂଦୁ
ଗ୍ୟାଲେରୀର ଦର୍ଶକମାନେ ଆସଂତି କେଉଁଆଡୁ
ଉଡ଼ି ଉଡ଼ି ପକ୍ଷୀପରି ପକ୍ଷ ଝାଡ଼ି
ପୁଣି ନିଭିଯାଂତି ସତେ ତାରାପରି ଆକାଶର କୋଣେ ଅନୁକୋଣେ ।।

ତେଣୁ ତା'ର ଗୋଟିଏ ପ୍ରାର୍ଥନା ।।

ମହାପ୍ରଭୁ ନୀଳ-କଂଦର ବିହାରୀ
(ଘେନ ଦୟାବହି ମୋର ଗୁହାରି)
ତୁମେ ମତେ କ୍ଷମାଦିଅ ସଫଳ ଅଜ୍ଞାନ ମୋର
ଯେ ହେତୁ ମୁଁ କ୍ଷମା ଦେଲି
ବେଦନାର ଗ୍ୟାଲେରୀର ତୃତୀୟ ପାହାଚେ ବସି
ବିଭିନ୍ନ ମୁକୁଟ ଆଉ ମୁଖା ନାଇ
ମହା-ବିଦୂଷକ ଆହେ ତୁମେ ଯେତେ
ଯୁଗ ଯୁଗ ଗଲ ମତେ ହସାଇ କଂଦାଇ ।।

କୃଷ୍ଣ କୈବର୍ତ୍ତ

ପଶାପାଲି ଛକରୁ ଡାକଶୁଭିବ ହେ ସଂଗୀତ,
ହେ ମଇତ୍ର, ପାଶେ ଆସ
ଓ କିଏସେ ହଠାତ୍ ଓଟାରି ନେଇ
ମୋ ହାତରେ ପଶାକାଠି ଗୁଂଜିଦେବ
ମୁଁ ଯେତେ ରଢ଼ିଲେ ବସି 'କଚେ ପୁଅ ବାର ତେର'
'ଛଅ ତିନି ନଅ'
ଭୁଲଦାନ ପଡୁଥିବା ଅନ୍ୟ କା'ର ଗୋପନ ଇଛାରେ
ଓ ତମର ସାବ୍‌ଜା ଗୋଟି ମାରୁ ମାରୁ ମୁଁ ଦେଖିବି ନିଜ ହାତେ
ମୁଁ ଆପଣା ନାଲି ଗୋଟି ସମସ୍ତିଂକୁ ମାରି ସାରିଲେଣି
ରୋଷଭରେ ଚାହିଁଲେ ତୁମେ ନଥିବ, ବିରାଜିବ ଶୂନ୍ୟର ଛାଉଣି ।।

ଶୁଣିଥିଲି ତମସଂଗେ ଖେଳିବାର ଅପଯଶ
ତୁମପରି ନିପଟ ଗୋଲିଆ
ନିୟମରେ ଦାନା ପକା, ଗୋଟି ଚାଳ କହି କହି
କେବେ ହେଲେ ଶୁଣିବନି
ଏମିତିକି ଚକ୍ଷୁଃଶ୍ରବା ହୋଇ। ନିହାତି ବାଧ କରିଲେ
ଛୋଟ ପିଲାଟିଏ ପରି
'ମୁଁ ଆଉ ଖେଳିବିନି' କହି ଉଠି ଚାଲିଯିବ,
ଗୋଟି, ଦାନ, ପଶାପାଲି
କାଖତଳେ ଜାକିଜୁକି, ପଛକୁ ନ ଚାହିଁ ।।

ସାବ୍‌ଜା ଓ ନାଲିନେଲି ଭାରାରେ ଭାଂଗିବା ଗଛ
ତେଣୁ ମୋ ଆଖି ସାମ୍ନାରେ ଆଣି ଥାପି ଦେଇ
ଥୁଂଟା ଓ ନିଶାଖା ବୋଲି ହେ କପଟୀ ଦେଲ କି ବତେଇ ?
ପୁଣି କେବେ ଛାଇପଢ଼େ ଗଛ ଆଉ ପତରର କୋଟି କାମ
ଗଛ କିଂତୁ କେଉଁଠି ନଥାଏ,

ଛାଇପଢ଼େ ଅଂଧାରରେ ଆଲୁଅର ସତ୍ତା ବି ନ ଥାଏ
ଡେଂଫ ବିନା ପତ୍ର ହସେ, ଫୁଲ ବିନା ଝୁଲୁଥାଏ ଫଳ
ଶୁଖିଲା କାଠରେ ଶୁଭେ, ପଲ୍ଲବର ହସ କୋଳାହଳ ।।

ଦଂଭିଲା ପଥର ବୁକେ ଅଚାନକ ଡୁବିଯାଏ
ମୋ ପୃଥ୍ୱୀର ଲୁହା ଆଉ ଇସ୍‌ପାତର ରଥଚକ
ଅକାତ କାତ ପାଣିରେ ସତେ ଅବା ଆଶ୍ରାହୀନ ଗୋଡ଼ି
ଖରାବେଳେ ସଂଜ ଆସେ ଲଂବାଲଂବା ପାହୁଲ ପକେଇ
ଆକାଶର ଅଧାବାଟେ ନାଲିଆ ବଲ୍‌ଟି ପରି ସୂର୍ଯ୍ୟ ଯାଏ ବୁଡ଼ି ।।

ସ୍ନେହର ଆଲିଂଗନରେ ଚିପିଦିଅ ଭାଂଗି ଯାଏ ଲୁହା ଭୀମସେନ
ହାତରେ ବଇଁଶୀ ଧରି ଫୁଂକୁଫୁଂକୁ ଗ୍ରାସିଦିଏ ଭୀମ ଶମଶାନ
ଓ ବଇଁଶୀ ଅଚାନକ ହୋଇଯାଏ କୋକେଇର ଦି'ପଦ ବାଉଁଶ
ଅଂଧାରର ଲହଲହ ଜିଭ ଚାଟେ ଆକାଶର ଚାଂଦୁଆରୁ
ଗୋଟି ଗୋଟି ଗ୍ରହ, ତାରା ନୀହାରିକା
ଝୁଣିଖାଏ କଡ଼ମଡ଼ ଆଲୁଅ ଟୁକୁଡ଼ା
ଚଂଦ୍ରର ଶବ ଗଂଧାଏ ସକାଳର ଧୂସର ଆକାଶ ଦାଂଡେ
ବଉଦର ଟ୍ରକ୍ ତଳେ ଚିପି ହୋଇ
ରୋମହୀନ ଧେଡ଼ୀ କୁତୀ ମେଂଚାଏ ମାଉଁସ ।।

ପ୍ରେମିକା ହସରେ ଶୁଭେ ଟହଟହ ଚାମୁଂଡାର କିଳିକିଳା ଧ୍ୱନି
ଶିଶୁ ଦରୋଟିରେ ଶୁଭେ ଭୀମରଡ଼ି କଂପାଇ ମେଦିନୀ
ମୋ ଟେବୁଲ ଉପରର ଫ୍ରେମବଂଧା ଫଟୋ ମୋର
ହଠାତ୍ ପାଲଟିଯାଏ
ଭୀଷଣ ଅସୁର, ରେଡ଼ିଓର ନବ୍ ଦି'ଟା ଜଳିଉଠେ
ଅଂଧାରରେ ପ୍ରଜ୍ୱଳିତ ଆଖି
ଶିଉଳିଲଗା କାଂଥରେ ମାଡ଼ିଆସେ ସମୁଦ୍ର ଜୁଆର ।

ଖାତା, ବହି, ଚୌକି ଓ ଟେବୁଲ ସବୁ ଡାକିନୀ ଓ ପିତାଶୁଣୀ
ମୋ ଆଡ଼କୁ ଟେରେଇ ଟେରେଇ ଚାହିଁ
ହାତ ଧରାଧରି ହୋଇ ଅସୁରର ସାଂଗେ ମିଶି ଆସଂତି ଆଗେଇ
ବୃତ୍ତର ପରିଧି ହୁଏ ଧୀରେ ଧୀରେ ସଂକୁଚିତ
ଭୟରେ ମୁଁ ଲାଂଜପିଟେ ଛୋଟ ମାଛ ଜାଲ ମାଡ଼ିଆସେ
ଆଉ ମୁହୂର୍ତ୍ତକେ ଲାଗେ ମୋତେ ଚିପି ଶେଷ କରିଦେବେ
ତଂଟି ମୋର ଶୁଖିଯାଏ,
ଭୀଷଣ ଚିତ୍କାର କରି ଊର୍ଦ୍ଧ୍ୱଶ୍ୱାସେ ଯାଏ ମୁଁ ପଳେଇ ।।

ପହଂଚିଲି ନଈକୂଳ, କାନରେ କହିଲା କିଏ ଆରପଟେ
ମୋର ସପ୍ତଭୂମି, କିଂତୁ ଆହା ନାବ ନାହିଁ,
ଦଲଦଲ ମେଘର ଆକାଶ ତଳେ
ମୁହଁସଂଜ, ରକ୍ତହୀନ ଆଲୁଅରେ ନଈର ନଂଗଳା ଖଂଡା ଝଲସୁଛି
ମୁଂଡରେ ଛିଂଡା ପଖିଆ,
କୁଂଭାଟୁଆ ଆଖିରେ ବେତାଏ ନିଦ ମାଡ଼ିରଖି
ସେଇ କୃଷ୍ଣ କଇବର୍ତ୍ତ ଜଗିଅଛି ଘାଟ
"ଆଉ କିଏ ଆସୁଅଛ ହୋ ବାଟୋଇ !
ରାତି ହେଲା ବେଇଗି ବେଇଗି ଆସ"
ଗଡ଼ି ରଡ଼ି ମାରୁଛି କୁହାଟ ।।

ତୁମେ ସେଇ କଇବର୍ତ୍ତ, ହାଲିଆ କରିଛି ଖାଲି
ଏଣେ ତେଣେ ବୁଲେଇ ବୁଲେଇ
ଓ ଶେଷରେ ଡାକିଆଣି ନଈକୂଳେ ବସେଇଛ ମିଛଟାରେ
ଆରପାଖେ ସୁନାଦେଶ ବୋଲି ବୋଧ ଦେଇ
ଭଂଗା ଡଂଗାଟିଏ ସୁଦ୍ଧା ରଖିନାହଁ
ଅଥଚ ସାମ୍ନାରେ ଦେଲ କେଡ଼େ ଭରା ନଈ ! ।।

ଦୁଇଟି ଜଣାଣ

ଏକ

ପର୍ବତ ପ୍ରମାଣେ ଶବ୍ଦର ଶାଢ଼ୀ କଢ଼ାହୋଇ
ଗଦା ହେଲାଣି। ନାନାରଂଗ,
ମଂଡ, ଅରଟ ଓ ତଂତର ଗଂଧ ସେଥିରେ। ଆହୁରି ଆହୁରି
ପରସ୍ତ ପରସ୍ତ ଶାଢ଼ୀ ମତେ ଛଂଦିବାଂଧି ଗୁରେଇ ଗାରେଇ ଧରିଛି।
ମୁଁ ଅଣନିଶ୍ୱାସୀ। ସେଇ ସବୁ ଶାଢ଼ୀର ଦୁସ୍ତର ମାଇଲ୍‌ର
ପ୍ରଚଂଡ ବିଶୃଙ୍ଖଳା ତଳେ ନିପା ପୋଛା ନିଚିପର ନେଳିଆ ନିଶୂନ
ଆକାଶ କେଉଁଠି ଧକୋଉଛି। ଆଉ ନିଦା ମାଟିର କାଣିଚାଏ
ସ୍ୱପ୍ନାଂକୁର ସେଠି ମରୁଡ଼ିରେ ଜଳିଗଲାଣି। ଆହୁରି ଆହୁରି
ଶବ୍‌ଦ, ବାକ୍ୟ, ନାମ ଜଡ଼ିରହିଛି
ଓ ତା'ର ତାଉ ଓ ଧାସ ମୋର ମୁହଁରେ ବାଜୁଛି।।

ହେ ପ୍ରବଂଚନାର ଠାକୁର, ତମେ
ଭୀରୁର ଗୁହାରି ଶୁଣିଛ। ତମ କାନରେ ବାଜିଛି ମୋ
ଜଣାଣ। ତମେ ମତେ ବଂଚେଇଛ ଭୟର ନେଳିଆ ବିଷରୁ,
ଲୋକଲଜ୍‌ଜାର ଘୃଣାରୁ। ସେ ଭୟ ଓ ଲଜ୍‌ଜା ମୋର
ଶବ୍‌ଦହୀନ, ନାମହୀନ, ଉଲ୍ଲଂଗ ସ୍ଥିତିର। ମୋର ନିଷ୍କରୁଣ,
କ୍ଷମାହୀନ ସଂପୂର୍ଣ୍ଣ ନିଜସ୍ୱ ମୁହୂର୍ତ୍ତର। ନିଜକୁ ନ
ଦେଖିବାର ପ୍ରାଣାଂତକ ପ୍ରୟାସରେ ତୁମେ ମୋର ଅଂତରଂଗ
ସାଥୀ ଓ ସହାୟକ। ତୁମ ପରି ନିଦାରୁଣ ପ୍ରବଂଚକ
ବିନା ଆଉ ମତେ କିଏ ବା ନଗ୍ନତାରୁ ବଂଚେଇ
ଥାଂତା ଅଂତହୀନ ଶାଢ଼ୀର ଛଳନାରେ ବାଂଧିରଖି।।
ତୁମକୁ ଏ ପ୍ରବଂଚକ ଭକ୍ତର ଅସରା କୁର୍ଣ୍ଣିସ୍
ଆଭୂମି ପ୍ରଣାମ।।

ଦୁଇ

ଶହଶହ, ଗହଗହ ନାମ ଆଉ ବସ୍ତୁ ଓ ପଦାର୍ଥ
ଗର୍ଜୁଛନ୍ତି, ସମୁଦ୍ର, ଗର୍ଜୁଛି।
ଅଖ, ଆଇ, ଉଇ, ରମା, ରମାର ରବର।
ଶବ୍‌ଦଂକର ଭଂଗାଗଢ଼ା, ଯୋଡ଼ାଯୋଡ଼ି, ଗଇଁଠାଗଇଁଠି
ତାଳିପକା ଚିହ୍ନାଜଣା ଶବ୍‌ଦ, ବସ୍ତୁ, ନାମାବଳି ଜପୁଛି ସମୁଦ୍ର।

ମୁଁ ସେ ପୋକଖିଆ ଅଚଳ ନାହା। ସଂଧ୍ୟାର ଆସନ୍ନ ଅଂଧାରରେ
ଢୋଳାଉଛି ସମୁଦ୍ରର ପୁରୁଣା ବାଲିରେ। ଶବ୍ଦମାନେ ଘେରିଛଂତି
ମୋତେ। ସେମାନେ ମୋରି ଲୋମକୂପର ଆଲୁଅରୁ ବାହାରି
ଢେଉହୋଇ ସଂଚରି ଯାଉଛଂତି। ଆଉ ନିଜ ନାଁ ଲେଖୁଛଂତି
ସବୁ ବସ୍ତୁ ଓ ବ୍ୟକ୍ତିର ଫଳକରେ। କଳା କୋଇଲା ଖଡ଼ିରେ
ମଂଦିର ଓ ବେଢ଼ା ଦେହରେ ସ୍କୁଲ ପିଲେ ଯେମିତି
ଲେଖିଯାଆଂତି ନିଜ ନିଜର ନାମ ଧାମ, ମୁକାମ ପ୍ରଗଣା॥

ମୋ ସ୍ୱରର ପ୍ରତିଧ୍ୱନି ତାଂକର ପାଚିରିରେ ପିଟିହେଇ
ଫେରିଆସୁଛି ଆଉ ଧକ୍‌କା ଖାଉଛି ମୋ ଲୋମକୂପରେ
ମୁଁ ଅଛି। ଉଦ୍ଦେଶ୍ୟହୀନ, ଦଦରା
ଭଂଗା ନାଆ। ସବୁ ଶବ୍‌ଦର। ସବୁ ତରଂଗର ହେତୁ।
ମୁଁ ନାହିଁ। ସଂଗୀତ ନାହିଁ। ଶବ୍‌ଦର
ମଂତ୍ରୋଚ୍ଚାରଣ ନାହିଁ। କେତେଦିନ ଏଇ ପୁରୁଣା
ବାଲିରେ ଢୋଳେଇ ଢୋଳେଇ ମୁଁ ମଂତ୍ର
ଶୁଣୁଥିବି ?॥

ହେ ନୀଳାଦ୍ରି ବିହାରୀ। ନିଃସଂଗ, ନିଷ୍ଠୁର
ନିଃଶବ୍‌ଦ ଶୂନ୍ୟତା ଯଦି ମୋତେ ନ ଦେଲ
ତେବେ ଶବ୍‌ଦର ଏଇ ଭୀମକାଂତ ସମୁଦ୍ରରେ ମୋତେ
ବୁଡ଼ାଇଦିଅ-ବାଲିର ଏ ବଂଧ୍ୟା ବିସ୍ତାରରେ ମୋତେ
ଭୁଲିଯାଇ ଦୂରରୁ ତୁମର ପ୍ରଳୟଂକରୀ ମଂତ୍ର ଶୁଣାଅନି॥

BLACK EAGLE BOOKS

www.blackeaglebooks.org
info@blackeaglebooks.org

Black Eagle Books, an independent publisher, was founded as a nonprofit organization in April, 2019. It is our mission to connect and engage the Indian diaspora and the world at large with the best of works of world literature published on a collaborative platform, with special emphasis on foregrounding Contemporary Classics and New Writing.

www.ingramcontent.com/pod-product-compliance
Lightning Source LLC
Chambersburg PA
CBHW020540080526
44583CB00013B/927
* 9 7 8 1 6 4 5 6 0 4 1 0 5 *